古典文獻研究輯刊

十一編

潘美月・杜潔祥 主編

第 1 冊

《十一編》總目

編 輯 部 編

敦煌《老子化胡經》研究

姜 佩 君 著

國家圖書館出版品預行編目資料

敦煌《老子化胡經》研究／姜佩君 著 — 初版 — 台北縣永和市：
花木蘭文化出版社，2010〔民 99〕
目 2+150 面；19×26 公分
（古典文獻研究輯刊 十一編；第 1 冊）
ISBN：978-986-254-288-0（精裝）
1. 道藏　2. 研究考訂
121.316　　　　　　　　　　　　　　　　　99016378

ISBN - 978-986-2542-88-0

9 789862 542880

古典文獻研究輯刊
十一編　第一冊　　　　　　ISBN：978-986-254-288-0

敦煌《老子化胡經》研究

作　　者　姜佩君
主　　編　潘美月　杜潔祥
總 編 輯　杜潔祥
企劃出版　北京大學文化資源研究中心
出　　版　花木蘭文化出版社
發 行 所　花木蘭文化出版社
發 行 人　高小娟
聯絡地址　台北縣永和市中正路五九五號七樓之三
　　　　　電話：02-2923-1455／傳眞：02-2923-1452
網　　址　http://www.huamulan.tw 信箱 sut81518@ms59.hinet.net
印　　刷　普羅文化出版廣告事業
初　　版　2010 年 9 月
定　　價　十一編 20 冊（精裝）新台幣 31,000 元　　　　　版權所有·請勿翻印

《十一編》總目

編輯部　編

《古典文獻研究輯刊》十一編　書目

《十一編》各書作者簡介・提要・目次

第一冊　敦煌《老子化胡經》研究

作者簡介

　　姜佩君，台灣省台南縣人。中國文化大學中文研究所博士，現任國立澎湖科技大學通識中心副教授。爲台灣少數致力於澎湖民間文學及澎湖民俗研究的學者，著有《澎湖民間傳說》、《澎湖民間故事研究》、《澎湖民俗概論》三書及〈大專生之民間文學教學及採錄〉、〈澎湖民間文學的研究概況及未來展望〉、〈由澎湖的元宵活動看漁民的習俗信仰〉等相關論文。

提　要

　　本論文除緒論結論，共分六章：第二章「敦煌老子化胡經概說」及第三章「敦煌老子化胡經之內容」，是針對敦煌出土之化胡經，作一全面性之探討，第二章先介紹目前敦煌化胡經的卷數、卷號、首尾題、保存狀況及作者、寫經時代的推測，希望藉此了解作者創作的時代背景及因素。第三章則分卷討論各卷內容，首先探討各卷所呈現的問題－對老子的尊稱、經題的同異——試圖藉此將敦煌化胡經理出系統。其次，就各卷主題及所呈現的特殊現像，如卷一的摩尼教、卷二的九十六外道、卷十的景教等問題、予以分析研究，並給予合理解釋。第四章「老子化胡說之論證考釋」則跳脫敦煌化胡經的局限，從宏觀的角度來看整個老子化胡說之形成及發展，並旁及歷朝出現的各類化胡經及因此引起之佛道衝突。第五章「老子化胡經及相關作品研究」則衝接前章，將敦煌化胡經以外，現存之相關作品擇要加以研究，並將這些記

載分割為數個情節單元，分析比較其異同。第六章「老子及尹喜之神化」嘗試從史的角度來看化胡事件的二主角——老子、尹喜——如何由先秦的哲人，轉變為道教教主及樓觀派創始人，而在整個神化過程中，老子化胡經是居於何種地位，又是如何的推波助瀾，將二人的神化及地位推上高峰。最後則是附錄，內容為「敦煌老子化胡經」之清本及校記。

目　次

第二冊　王安石對於典籍之詮釋與應用

作者簡介

林菁菁，台灣省，桃園縣人。就讀於國立東華大學中國語文研究所博士

班。曾任東華大學中國語文學系兼任講師。現任私立淡江大學中文系兼任講師。研究領域包含，中國經學、中國學術史等。著有學術論文《王安石對於典籍的詮釋與應用》與新詩讀本《讀新詩遊台灣》等。

提　要

　　中國的歷史人物之中於身後遭到正反二面不同的評價，宋代的王安石是一個典型的代表文人之一，探究其原因，不外是王安石輔佐神宗變法維新，在北宋的政壇與學術界造成巨大的影響，因此在其身後，不論是熙寧變法，新舊兩黨的新法爭執問題，或是王安石著作《字說》與《三經新義》等作品的評價，從宋明清三代至於今，許多的爭議未然有一個定論。

　　本文嘗試將（黨爭與王安石所詮釋的典籍）兩者的發展相互結合來看，亦即將學術議題與文獻的發生合併一起研究，試圖探論王安石變法與黨爭有什麼樣的關連性？並且與王安石所詮釋之典籍又有什麼樣的關係？意圖透過學術史與文獻學之結合，觀察典籍文獻在產生與演變的過程中，其學術誘因以及演變發展的趨勢。

　　故本文共分為以下五章：

　　第一章：緒論。闡述論文問題意識之形成，研究範圍與進路之提出。

　　第二章：從典籍文獻的成書時代背景，探索其學術意義。首先從當時之學術背景，即王安石變法相關爭議的議題入手，釐清黨爭與王安石對於典籍文獻的詮釋是否有關連。分作四小節考察王安石典籍詮釋的學術成因。第一節從學術與政治之間的關係，引出黨爭與王安石典籍詮釋可能的關連之處。從第二節與第三節開始，則分別就新法爭議的議題作相關的討論，從學術背景因素上討論王安石典籍詮釋與黨爭的關係為何？第四小節，則從北宋疑經的風氣的考察，觀察王安石對於疑經的態度與立場為何？試圖通過上述四個小結的論述，說明王安石對於典籍之詮釋與應用與其學術背景的關連之所在。

　　第三章：從黨爭與王安石典籍詮釋的關係，過渡至王安石對典籍之詮釋實際內容考察。首先，從王安石變法初期所詮釋典釋〈洪範傳〉入手，觀察此一文獻之產生與黨爭的關係。分成二節討論，第一節探討王安石變法取用《尚書・洪範》此一文獻的學術誘因為何？第二小節，探索王安石在政治上如何賦予新義於〈洪範傳〉，對於宋代洪範學有著什麼樣的衝擊與影響。

　　第四章：從王安石變法後期所詮釋之典籍，亦即《三經新義》中由王安石親手所撰之《周官新義》為代表，欲試圖從《周官新義》的成書時代背

景，來重新考量他的宋代學術史上的意義。

第五章：結論。本題的研究將以上述五章之架構，論述王安石對於典籍之詮釋與應用。其特殊之意義在於試圖從典籍詮釋的角度入手，從典籍成書的時代背因素，重新思考其在北宋學術史上的意義。以期解決北宋學術史兩個重要的論題：

一、從王安石變法維新對於典籍詮解的學術背景因素入手，重新反省並提出北宋新舊黨爭的基源問題。

二、王安石對於典籍之詮釋與應用，我們可以重新探討一部典籍文獻在產生與演變的過程中，對於學術之影響及其意義。

目　次

第三冊 《遵生八箋》研究

作者簡介

姜萌慧，出身於台南縣一個純樸的小鄉鎮，父親是中學國文教師，從小在耳濡目染之下，對中國文學一直有著濃厚的興趣，父親書架上的各類書籍常陪伴我度過許多假日的閒暇時光。大學時雖然選讀了外文系，但對中國文

學的興趣卻未曾稍減。

　　進入小學執教，工作穩定之後，覺得自己必須再進修，因此，考入中正大學中文所，研究自己最感興趣的中國文學。四年多的研究生生涯是一段辛苦的求學歷程，在這段期間，有賴恩師毛文芳博士不厭其煩的指導，讓駑鈍的我能順利完成碩論；也感謝家人的支持與鼓勵，尤其是外子犧牲假日時間，陪我跑遍各大專院校的圖書館搜尋資料，沒有他們就不能完成這本碩論。這段求學的過程不僅讓我得到許多寶貴的知識，更學習到「不輕言放棄，就有成功的機會。」

提　要

　　晚明是一個物質勝過理性，士人普遍精神苦悶的時代。在這樣的社會背景之下，注重身體與自然和諧，尊重個體生命的養生文化應運而生。高濂所著的《遵生八箋》一書，就是當代同類型養生著作中，一部兼具養生與美學思想的集大成的鉅作。在「遵生」的理念架構下，層層開展出各種養生的理論、功法、美食、居住環境、丹藥……等，堪稱為全方位的日常生活百科全書，其中有關居住、器物賞鑒、飲饌等內容，更融涉了審美的概念。《遵生八箋》傳達出高濂的生活美學、養生之道與悠閒之法，這是一個有趣且值得探討的領域。本論文希望透過對《遵生八箋》文本的整理與分析，汲取前人的生活智慧，反映明代特有閒賞養生文化的特色，為身世背景不彰的作者，勾勒出較清晰的歷史面貌。本論文共分三部：

　　第一部　導論：在緒論的部分說明研究動機與目的、整理前人研究成果、簡述議題形成、研究方法與步驟。簡述作者的生平事蹟、介紹書籍並探討一些形式上的問題、探討影響書籍編纂的特殊社會生活。

　　第二部　八箋分論：文本的全面性整理，以八箋分為八章，分別論述其內容。第一章闡述〈清修妙論箋〉的養生之方與進德之法。第二章〈四時調攝箋〉是在順時的原則下，進行各種煉養。第三章、第四章論述丹要與功法。第五章、第六章、第七章是有關飲食、居住環境與器物賞鑒的怡養內容。第八章為高濂所企慕的理想人格典型。

　　第三部　一部養生的神話：對文本及作者的解析，是論文的總結。以羅蘭巴特《神話學》一書中的某些概念來解析文本，旨在從不同的角度來審視高濂其書其人。

目 次

第四冊　藏書拼圖──明代圖書文化探析

作者簡介

　　許媛婷，中國文化大學中國文學博士。先後任教於台北商業技術學院、中華技術學院，現職於國立故宮博物院圖書文獻處。研究領域為古典文學、圖書文獻學、版本學、藏書史、書籍流通等方面，著有〈《濟公傳》研究〉（碩士論文）、〈明代藏書文化研究〉（博士論文），以及發表學術期刊，包括〈明末清初的西學東漸──以李之藻《天學初函》為討論中心〉、〈清末中日文人對影鈔及覆刊漢籍的主張──以楊守敬《古逸叢書》成書過程為例〉等論文

十餘篇。

提　要

　　本論文以明代近三百年來的藏書發展與文化爲研究範圍，試圖以爬梳析理史料的方式，勾勒出明代藏書文化的發展軌跡與轉變歷程，並以歸納明代藏書文化的歷史意義與時代價值做爲研究目標。

　　論文重心以明代藏書文化爲研究主題，探討範圍則多集中於圖書典藏方面，自藏書概念的產生、藏書活動的形成，乃至於與圖書典藏密切相關之活動，舉凡經由藏書衍生出來的流程，包括蒐求、購置、整理、編目、管理，甚或維護、流通等等，皆在探討範疇之內；而與藏書相關之活動或事物，則視其關涉及影響層面適度加以討論，像是刻書、藏書分布、藏書建築、藏書特色等諸如此類，多半以與藏書文化發展的緊密度來衡量輕重。

　　文章重點論述明代藏書文化的發展特色及其影響，試圖從不同區塊的藏書體系拼出明代藏書文化的整體性，並試圖找出藏書特色及優劣，進而評價其成敗得失。

目　次

第五冊　劉向學述

作者簡介

　　韓碧琴，國立臺灣師範大學國文研究所博士，現任國立中興大學中國文學系教授。學術研究以禮學爲主，著有《儀禮鄭註句讀校記》、《儀禮祭禮新探》、《儀禮章句研究》、〈儀禮覲禮儀節研究〉、〈敦煌文書中祥考〉、〈抄本客家吉凶書儀「轉門」禮俗研究〉、〈抄本客家吉凶書儀「饋女」禮俗研究〉、〈客家「買水」禮俗研究〉、〈客家鋪房禮俗研究〉等論文。

提　要

　　漢儒多雜道、法、陰陽之說，與先秦儒家之思想內容，頗有出入，而劉向堪稱集大成者。劉向思想，前人或有研覈，然皆屬一麟半爪，未能深叩，鮮有專事劉向思想之整體研究者；故而通覽向書，鳩合各說，詳加推研，統貫評述，期能彰其全豹。

　　劉向領校五經中秘書，非徒校讎編定，復撰敘錄，以考鏡源流，辨章得失，開後世解題提要之先聲，爲目錄學不祧之宗。然校讎目錄之學，非其人博通古今學術，復能審辨乎源流得失，則於群書之旨義，必不能索其奧而詔方來，足見劉向學術之淹通深奧；故就其校讎目錄學、經學、倫理思想、天人思想、政治思想，逐一探賾索隱，條辨縷析，期乎綱舉目張，愜理稱實耳。

　　漢崇經術，貴能見之實行，所謂通經致用之學。劉向兼修五經，引經以致用，綜觀向之經學，以《春秋》爲主，《易》、《書》、《詩》、《禮》爲輔。漢代經學，雖有齊、魯之分，魯學純謹，齊學恢奇駁雜；劉向說經，雖承魯學，亦雜陰陽災異之說，純學風使然；向藉陰陽災異爲勸善懲惡，應天順人之據，闡發經義，以達警懼之目的。

　　劉向以骨肉之親，惓惓進諫，數困於讒，仍不改其操，堪稱漢室之砥柱；

其學沿波溯流，與儒家之旨遙契，故有「西京儒者，自董仲舒外，莫之逮也。」
之譽。

目 次

第六、七、八、九冊　籀廎學記——孫詒讓先生之生平及其學術

作者簡介

王更生（1929～2010），河南省汝南縣人，國家文學博士，考試院文官高等考試教育行政人員及格。

曾任小學教師、教導主任、代理校長；初高中及職業學校國文教師、組長、主任；專科學校副教授兼訓導主任、教務主任、校長。國立台灣師範大學國文系、國文研究所教授。講授《文心雕龍》、《文心雕龍》專題研究、文章學、唐宋八大家文研究。

著作有《晏子春秋研究》、《晏子春秋今註今譯》、《孫詒讓先生之生平及其學術》、《文心雕龍研究》、《文心雕龍新論》、《文心雕龍導讀》、《文心雕龍讀本》、《文心雕龍范注駁正》、《文心雕龍選讀》、《國文教學新論》、《國文教學面面觀》、《中國文學的本源》、《中國文學講話》、《韓愈散文研讀》、《柳宗元散文研讀》、《歐陽脩散文研讀》、《曾鞏散文研讀》、《文心雕龍管窺》、《王更生自訂年譜初稿》等五十多種（單篇論文、編輯性著作、有聲著作均不包括在內）。

提　要

自廢清道光末年（1850 年），迄民國建元（1912 年）六十二年間，內遭洪楊戰亂，外遇列強入侵，喪師蹙地，國脈幾絕。於是好學深思之碩彥，慷慨倜儻之奇材，嫉政治之腐敗，痛學術之淪胥，思出其邃密之舊學，與夫深沈之新知，以啓牖顓蒙，拯救危亡者，頗不乏人；而瑞安孫仲容詒讓先生，既精究考據，爲有清一代樸學之殿；復推勘甲骨金石，開後世研究商卜周之風。

自漢武崇儒，經學大盛，因師法不同，今古有異，致雜說紛陳，熒惑滋甚。乾嘉以來，鉅儒輩出，而性理經術，各守家法，不相借。先生深嫉漢宋門戶之弊，以爲欲綜兩者之長而通其區畛，莫如永嘉之學，乃博採漢、唐、宋以來，迄於乾嘉諸經儒舊詁，參互證繹，彌縫其闕，著《周禮正義》八十六卷，爲清代新疏之翹楚。

兩漢以後，治教專一，學者或崇孔孟而抑墨氏。先生獨以墨氏勞身苦志，以振世之急：權略足以持危應變，而脫屣利祿，不以累其心，所學尤該綜道

藝，洞究象數。先生起清季存亡絕續之交，特主援墨入儒，成《墨子閒詁》十九卷，爲後來治墨學者奠定基業。

乾、嘉以降，經術道盛。修學之儒，研斠篆籀輒取證於金文。先生以時人說字，率鑿空貤繆，金文逃義，又嘗慨獷秦燔書，古文湮廢，故展卷思誤，每滋疑譪；於是據薛、阮、吳三家之書，取高郵王氏《漢隸拾遺》之例，發伏正讀，著《古籀拾遺》二卷。光緒癸卯，先生五十又六，目世變日亟，風尚趨新，政教之不競，學術亦隨之；遂以近得海豐吳子苾《古錄金文》，攬涉鉤稽，間獲新詮，又著《古籀餘論》三卷。爾時先生欣丹徒劉氏所拓《鐵雲藏龜》，以爲眞殷商文字；輒窮兩月之力，略事甄述，成《契文舉例》二卷，用補有商一代書名之佚，兼尋倉後籀前文字流變之。迨其後，先生復綜摭金文、龜甲文、石鼓文，以及貴州紅巖石刻，與《說文》古籀互相勘校，揭其歧異，以著其省變之原；會最比附，以尋古文大小篆沿革之大例，著《名原》二卷。古文字之學至此益臻恢廓，而研究方法亦別開新紀元矣。

有清一代，樸學之隆，超軼唐、宋。王氏《雜志》、盧氏《拾補》、俞氏《平議》，其尤著者也。先生間嘗竊取其義法，以治古書。嘗謂秦、漢文籍，誼旨奧博，字例文例多與後世違異。復以竹帛梨棗，鈔刊屢更；則有三代文字之通，秦篆漢隸之變遷，魏晉眞草之輥淆，與六朝唐人俗書之流失，以及宋、元、明，校椠之屢改，實乃迻徑百出，多歧亡羊；非覃思精勘，深究本原，未易得其正也。先生乃將三十年覽涉所得，取秦、漢以逮齊、梁之故書雅記，凡七十餘家，按冊迻錄，申證厥誼，成《札迻》十二卷。其鉤深窮高，夐夐乎又出於王、盧、俞三家之上。

又先生關心鄉邦文獻，累月經年，旁搜遠紹，考求先達著述；上斷唐、宋，下迄遜清，撮其大要，別其存佚，成《溫州經籍志》三十六卷，列名者千三百餘家，可謂拾囊中之碎金，撥劫後之殘灰，功在地方目錄，不可沒也。

綜先生之所著述，方諸乾、嘉諸老，雖不云博，而精密通貫者倍之。經、子、小學、甲骨、金石、斠、目錄諸學，均能推陳出新，卓具創意。嗚呼！先生處海疆多故，國病民儃之秋，傷舊學之將淹，哀政教之凌遲；而中西新故之辯，復舛馳異趣，不勝譁眡，思欲奮書生報國之志，盡挽狂扶傾之責，捐資興學，輸財購路，並綜《周禮》之與西法合者，成《周禮政要》二卷；明中西新故之無異軌，俾迂固之士，能廢然反本。其通經濟世之胸襟，又可覘之於皓首窮經之外。志潔行廉，超今邁古，爲當代士林之碩

儒，啓後世學界之新運，所謂「巋然爲有清三百年學術之殿」者，不亦宜乎。

目　次

第十冊　《文子》研究

作者簡介

　　鄭國瑞，一九六七年生，臺灣臺南人，中山大學中文學士、碩士，政治大學中文博士。目前任職於文藻外語學院應用華語文系，副教授。致力於書法研究，專書編有《臺灣書法家小傳（1662～1945）》，著有《郭尚先——清代臺灣書法個案研究》，以及〈明鄭時期臺灣的書法〉、〈楊賓之書學觀〉、〈華語教學之書法教學經驗談〉等單篇論文。

提　要

　　《文子》是道家典籍之一，與《老子》;《莊子》、《列子》並稱「四玄」。但前人對於此書，常以「僞書」視之，故鮮有研究者。一九七三年河北定州出土竹簡《文子》，因而引起學術界之關注。本論文主要針對傳世本《文子》與竹簡《文子》彼此間之關係，作全面性探索，以期瞭解二者之成書時代、作者及其思想性質等相關問題。

　　本論文計分四章：第一章以竹簡《文子》爲基礎，考察傳世本《文子》之性質，進而論其成書過程。認爲傳世本《文子》多數內容襲自它書，尤以《淮南子》爲甚，其書早在東漢之季即已出現。

　　第二章考察竹簡《文子》之作者及成書時代。認爲史載文子所作，

其說難信，應屬依託之作，其書成於戰國末期。

第三章乃據第一章研究所得之結果，對於較為可信之內容，逐一分析。認為其思想主要著重於闡述天道與政治，其中又以政治問題為重心。其論天道不出《老子》學說之範圍，論政治亦以之為依歸，然而又有吸收它家學說者。

第四章在於為《文子》思想定位。透過與道家黃老學說之比較，認為應置於黃老系統。

目　次

第十一、十二、十三冊　鳩摩羅什《妙法蓮華經序品第一》信譯之研究

作者簡介

　　賴信川，台灣台北縣人。台灣華梵大學東方人文思想研究所文學碩士，香港新亞研究所文學博士。學術專長爲中國文學史、中國思想史、佛教史、梵唄史及佛典翻譯等。歷任光武技術學院、北台科技學院、德霖技術學院、經國管理暨健康學院、國立台北商業技術學院等多校通識學科教師。現任淨覺僧伽大學（泰國摩訶朱拉隆功佛教大學台灣分校）、經國管理暨健康學院、國立台北商業技術學院通識教育中心兼任助理教授，主授語文及佛教學相關學科。著有《一路念佛到中土——梵唄史談》、《遊心法海》。

提　要

　　鳩摩羅什的作品堪稱我國佛典譯作的代表，成爲中國佛教通行經典。其作品不僅遍佈中國各地，更影響東亞佛教流傳，更以北傳佛教的經典代表通行世界。以譯著的魅力，竟不亞於原著，世所罕見。究竟鳩摩羅什的譯作有

何過人之處？本研究以鳩摩羅什譯作當中，頗富盛名之《妙法蓮華經・序品》為範疇，以嚴復「信譯」的角度來觀察羅什譯作特質。以十九世紀考古發掘，經由學者編輯而刊行的佛典梵本作為核心來考察，親身實作翻譯，逐字解析，探求梵本文學內容，並以梵本最早刊行本，荷蘭學者，Prof. H. Kern 所譯之《The Saddharma-pundarîka or The Lotus of the True Law》（收錄在 F. Max Müller 所編的《The Sacred Books of The East》（印度德里 Motilal Banarsidass 出版社 1994 年再版）叢書的第廿一冊。）相關部分來進行對照，綜合觀察羅什譯筆風格，同時考察佛典翻譯文學影響中國文學的緣由。

佛典翻譯文學在中國文學的發展上具有相當地位，不論是在文體或是譯語，均有顯著的影響，但過去未能列入文學史專章探討，問題就在於原典佚失。幸而十八世紀以來，西方人士在尼泊爾，新疆地區，與喀什米爾等地探險考古，古代梵本才得以重新面世，帶來了研究的契機。重以近代語言學勃興，梵語學受到西方重視，諸多論著發表，致使梵漢對譯的研究得以實現。近年來學界開始探究佛典漢語，取得了相當的成果。然而對於佛典翻譯文學的源頭，梵漢對譯部分未能深入。筆者認為佛典文學為外國引入，應能逆流而上，一探究竟，期許自己在既有的學術條件上，為我國文學史再添新頁。

本文共分為七章：首章「導論」說明本研究之問題點所在，第二章進行文獻探討，第三章為版本研究與譯者生平，第四章為研究方法，提出本研究說明之體例。第五章則為「本論」，為本研究之主體，最後於第六章總結本次研究之成果，並做出結論。第七章餘論則提出其他發現，與未來可行發展方向。

目　次

上　冊

第十四冊 《密勒日巴大師全集》研究

作者簡介

蘇淑貞,畢業於國立中山大學中文系研究所碩士班,以宗教文學、古典小說為個人研究專長,學術興趣更擴及於敦煌文學、唐詩、唐傳奇、宋詞、明清短篇及章回小說等。戮力於教學、目前仍任教於文藻外語學院及正修科技大學,講授詩詞選、中國文學簡述、史籍選讀、歷代文選、中國語文運用、大一國文及實用中文等課程。藉由教而學,漸次增益研學的領悟,並輔翼個人進修的成果。

提 要

藏傳佛教自 1980 年開始,在台灣各地陸續成立了傳法中心,許多仁波切、喇嘛相繼來台弘法駐錫、帶領修行,因此修學藏傳佛教、參與法會,蔚為一股新興的宗教風潮,佛學基金會也愈見規模完善。在藏傳佛教的派系中,以噶瑪噶舉派的傳法中心最多,其傳布法教的作品,又以《密勒日巴傳》最膾炙人口、對於信眾最有啟發作用;而密勒日巴大師的《道歌集》,記載他在修行上的證悟與覺受,收錄他指導弟子修行的法教,還有對眾生的疑惑的解答內容,這確是一部宗教色彩十分濃厚的作品,對於噶瑪噶舉派的學人深有助

益。同時這種傳記文學的流行，標誌著元明時期，西藏吐蕃王朝政權分崩離析，各派紛立、為求宣傳我教主張的社會現實；其道歌體的形式，也說明了西藏十五到十六世紀之間，宗教教義吸納了「魯體民歌」和「自由體民歌」的創新之舉，藉由這種通俗的形式傳教，更加深了宗教的影響力。是以《密勒日巴大師全集》不只是一個宗派的教育素材，也是一代文學作品的先驅、楷模，由它的成功，更促使其他宗派也起而效尤，益加擴大了文學對宗教的輔翼作用。

目　次

第十五、十六冊　楚帛書研究

作者簡介

　　陳茂仁，民國五十七年生，臺灣省嘉義縣人，國立中正大學文學博士。

　　先後曾任國立嘉義農專、國立中正大學兼任講師，國立臺東師範學院語文教育系、

　　國立屏東師範學院語文教育系、國立嘉義大學中國文學系專任助理教授，現任國立嘉義大學中國文學系專任副教授。

　　先生專攻校讎、文字、詩學及閩南語詩歌吟唱（含理論），著有《亢倉子校證》、《王士源亢倉子研究》、《文字學概論》、《古典詩歌初階》、《小品文選讀》、《大學文選》（合編）。學位論文有《楚帛書研究》（碩論）、《新序校證》（博論）。另有期刊論文〈白居易「格詩」意涵試探〉等二十餘篇及研討會論文〈楚帛書〈宜忌篇〉釋讀〉等十餘篇。

提　要

　　楚帛書，係一九三八年於湖南長沙東郊杜家坡附近之子彈庫所盜掘出土。帛書中間由互倒〈四時篇〉及〈天象篇〉兩篇文章所構成；邊文則採環繞形式，由十二段文字（含章題）及十二個神像相間而成，而於帛書四角落，則分繪青、赤、白、黑等四木。

　　本書爲作全面性之探討，由其盜掘出土之相關墓葬、位置及其收藏流寓之情況談起，接及推判楚帛書之國別、年代、楚帛書置圖之方式、文字考釋、十二神像、四木、楚帛書之性質及墓主身份等等，最末則總述楚帛書文字之

特色、價值與研究成果。

　　要之，楚帛書爲戰國中晚期之楚國實物，其下葬年代當稍晚於西元前三一六年；其擺置方式，應爲上南下北，即以〈四時篇〉爲正置；今觀文字所載，可以窺見戰國楚人對於四時之生成與天象運行之看法及神話傳說之梗略，於邊文之章題，筆者發現爲就各該章文內容之特出處，所提煉濃縮而來。而綜觀文字之特色，略有簡化、繁化、一字異體、「＝」符及標識號等五類；而十二圖像概其時楚人特有之神話傳說人物，至如四木，則具四維之作用外，當亦與十二神像之居勾方位有關；而墓主概爲一士階級之楚巫師，而楚帛書爲一具陰陽數術性質之楚月令。最末於附錄編進：楚帛書三階段之摹本、照片影本；筆者一九九五年之楚帛書自摹本；楚帛書行款表；楚帛書歷來研究論著及楚帛書文字編。

目　次

第十七、十八冊　《楚帛書》文字析議

作者簡介

　　陳嘉凌，女，民國六十六年出生於桃園，畢業於臺灣師範大學國文系碩士班，論文題目爲《楚系簡帛字根研究》、臺灣師範大學國文系博士班，論文題目爲《楚帛書文字析議》；曾發表〈釋曾侯乙墓竹簡「騠」、「㺇」及校「霥」等五字〉、〈楚帛書「慍、徵、宎、箸」四字考〉等文章。曾任教桃園縣石門國中、師大附中、萬華長青學苑古典詩文班，及擔任康軒《新世代國語詞典》編輯委員，現爲中國科技大學兼任講師。

提　要

　　《楚帛書》是我國近代以來最早出土的帛書文獻，其眾多文字、完整內容開研究楚系簡帛古文之先河，出土迄今將屆七十餘年，海內外研究論著約二百篇，至今仍是學者研究之重點。雖然《楚帛書》的相關研究至今已相當成熟，但由於帛書的保存條件不佳，部分文義仍未能順利通讀。

　　隨著電腦科技的日益進步，及近年來眾多楚簡資料出土，學者們據此得到許多豐碩的文字考釋成果，正可將部分《楚帛書》未釋或誤釋字形予以重新校訂。因此，本論文彙釋近年《楚帛書》及簡帛相關研究成果，輔以拍攝較佳之圖版，重新審視斷裂闕殘之字形，統計帛書共有九百六十六字，並且有十九處新釋字成果，這說明了《楚帛書》的文字與內容的研究工作至今尚有許多應重新探討與審視之處。

　　此外，本論文除統計帛書字數、字體使用頻率外，並歸納出《楚帛書》書手的個人風格與特色。因此本論文的研究目的為：一、能正確辨識《楚帛書》文字和通讀文意；二、輔以古代典籍與相關文物資料，以探討《楚帛書》內容等相關問題；三、統計《楚帛書》文字字數，分析歸納其文字特點與書手風格；四、期望能在較正確之文字釋讀基礎下，將《楚帛書》意義全面而深入的探析，以還原戰國楚地民族的文化特質與精神。

目　次

第十九冊　古文字資料庫建構研究——以《上海博物館藏戰國楚竹書（一）》爲例

作者簡介

　　羅凡晸，民國六十二年出生，國立臺灣師範大學國文學系博士，現任國立臺灣師範大學國文學系助理教授，曾任國立臺北大學中國文學系助理教授。著作有《郭店楚簡異體字研究》（碩士論文）、《古文字資料庫建構研究——以《上海博物館藏戰國楚竹書（一）》爲例》（博士論文），以及〈楚字典資料庫的建構模式初探〉、〈段玉裁《說文解字注》數位內容之設計與建置〉、〈《桃花源記》的延伸詮釋〉、大一國文中的「語文智慧」——淺析《干祿字書・序》文字、文學、書法三度空間的線上教學〉等單篇論文，主要學術專長爲中文資料庫及電腦教學、應用文字學、戰國楚文字等。

提　要

　　本論文〔註1〕旨在透過科際整合的方式，結合知識管理、圖書館學、資料科技等概念與技術，以《上海博物館藏戰國楚竹書（一）》作爲基本材料，進行古文字資料庫的實際建構。

　　論文共分爲五章：第一章「緒論」裡，主要針對本論文的研究動機、研究方法及相關的名詞解釋作一個概括性論述；第二章「古文字資料庫建構的先備理論」裡，則分別對「知識管理」、「Metadata 與 Dublin Core」、「XML、物件導向與資料庫系統」等進行理論的介紹，透過這個章節說明，讓古文字資料庫的建構有所依據而不至於流於空談；第三章「古文字資料庫的建構」裡，則分別從「古文字資料庫知識管理系統架構分析」、「古文字資料庫知識管理系統之建立」、「古文字資料庫知識管理系統成果展示」等面向，成功地結合相關理論與技術，實際建立一套「《上博楚竹書（一）知識管理系統」；

第四章「《上博楚竹書》（一）文字考釋」裡，則透過十三個字例的考釋過程說明，實際運用本系統進行古文字「偏旁分析法」的考釋，並藉以說明「偏旁分析法」的功能性與侷限性；第五章「結論」裡，則總結本論文的研究成果、研究價值與未來展望。

〔註 1〕本文完稿於 2003 年 10 月，時至今日，關於《上博楚竹書》（一）的文字考釋成果十分豐碩；由於此書爲筆者博士論文，爲求著作原貌，除少數錯別字予以修訂之外，其他部分均維持不變，特此說明。

目　次

第二十冊　文字學數位內容加值應用之研究

作者簡介

　　羅凡晸，民國六十二年出生，國立臺灣師範大學國文學系博士，現任國立臺灣師範大學國文學系助理教授，曾任國立臺北大學中國文學系助理教授。著作有《郭店楚簡異體字研究》（碩士論文）、《古文字資料庫建構研究——以《上海博物館藏戰國楚竹書（一）》爲例》（博士論文），以及〈楚字典資料庫的建構模式初探〉、〈段玉裁《說文解字注》數位內容之設計與建置〉、〈〈桃花源記〉的延伸詮釋〉、大一國文中的「語文智慧」——淺析《干祿字書·序》文字、文學、書法三度空間的線上教學〉等單篇論文，主要學術專長爲中文資料庫及電腦教學、應用文字學、戰國楚文字等。

提　要

　　本文在此所從事者，乃針對文字學數位內容的加值應用過程進行探索，以大徐本《說文解字》一書爲基本材料，旁及段玉裁《說文解字注》，以求提供文字學相關課題的相互證成。

　　首先針對《說文》小篆形體問題。筆者以爲目前通行的電腦小篆字型良莠不齊，造成許多學子寫錯篆形而不自知，因此根據明末虞山毛氏汲古閣所刊印的《說文解字》進行電腦小篆字型設計，名之爲「汲古閣篆」；此外亦詳細交待如何以一己之力製作電腦小篆字型，期望經由這個加值應用過程的解說，讓有興趣的人也能參與其中，共同讓電腦小篆字型日趨完善。

　　其次以如何建構《說文》大徐本與段注本網頁資料庫作爲探討主題。筆者的初衷也是基於文字學教學上的需求，當全文電子資料庫完成，只要做適當的檢索運用，便能回答文字學課題當中「有那些」、「有多少」的疑惑，如：「古文」有那些字、「籀文」共有多少等；此外亦詳細交待建構的方式及步驟，期望這個加值應用的解說與實踐，能夠設計出好用的《說文》資料庫。

　　最後則以「大徐本『新附字』的篆形分析」、「大徐本『重文』字形與條例用語的總體掌握」、「《說文》大徐本與段注本『異文』比對——以五百四十部爲例」等幾個文字學課題，利用筆者對於《說文》數位內容加值應用的成果進行全面式的舉例說明，讓這些傳統的文字學課題得以量化、深化的方式說服讀者，最後證成文字學數位內容加值應用之可行性。

目　次

敦煌《老子化胡經》研究

姜佩君　著

作者簡介

姜佩君，台灣省台南縣人。中國文化大學中文研究所博士，現任國立澎湖科技大學通識中心副
教授。為台灣少數致力於澎湖民間文學及澎湖民俗研究的學者，著有《澎湖民間傳說》、《澎湖
民間故事研究》、《澎湖民俗概論》三書及〈大專生之民間文學教學及採錄〉、〈澎湖民間文學的
研究概況及未來展望〉、〈由澎湖的元宵活動看漁民的習俗信仰〉等相關論文。

提　　要

　　本論文除緒論結論，共分六章：第二章「敦煌老子化胡經概說」及第三章「敦煌老子化胡
經之內容」，是針對敦煌出土之化胡經，作一全面性之探討，第二章先介紹目前敦煌化胡經的
卷數、卷號、首尾題、保存狀況及作者、寫經時代的推測，希望藉此了解作者創作的時代背景
及因素。第三章則分卷討論各卷內容，首先探討各卷所呈現的問題－對老子的尊稱、經題的同
異——試圖藉此將敦煌化胡經理出系統。其次，就各卷主題及所呈現的特殊現像，如卷一的摩
尼教、卷二的九十六外道、卷十的景教等問題、予以分析研究，並給予合理解釋。第四章「老
子化胡說之論證考釋」則跳脫敦煌化胡經的局限，從宏觀的角度來看整個老子化胡說之形成及
發展，並旁及歷朝出現的各類化胡經及因此引起之佛道衝突。第五章「老子化胡經及相關作品
研究」則銜接前章，將敦煌化胡經以外，現存之相關作品擇要加以研究，並將這些記載分割為
數個情節單元，分析比較其異同。第六章「老子及尹喜之神化」嘗試從史的角度來看化胡事件
的二主角——老子、尹喜——如何由先秦的哲人，轉變為道教教主及樓觀派創始人，而在整個
神化過程中，老子化胡經是居於何種地位，又是如何的推波助瀾，將二人的神化及地位推上高
峰。最後則是附錄，內容為「敦煌老子化胡經」之清本及校記。

目

次

第一章　緒　論

　　道教是中國唯一之本土性宗教，自漢末立教迄今，已有二千年歷史。中國人或以儒釋道三教並提，儒教是否可以稱為宗教，姑且不論，然佛教以一外來之宗教，排名在本土道教之上，此對素持華夷之分的中土人民而言，其內心感受直是不可言喻，蓋吾漢民族，向來皆自負的以為中國乃世界文化中心，因而對夷狄之宗教風俗，向來皆以其擾亂中國固有風俗為由，而將之排斥於外，唯獨對於佛教，不僅接納它，且將它置於道教之上。造成此種排名之主要原因，固為佛教中國化及教徒努力之結果使然，但在此漫長過程中，道教徒是如何看待此事並與之敵對抗衡，實在值得深究，而《老子化胡經》便是彼時道教徒為攻擊佛教所產生之作品。

　　佛道二教論衡，言老子化胡成佛固然是極端蔑視佛教，但云老子為佛陀弟子迦葉，又何嘗有理？甚至儒教亦受波及，儒教亦又何辜？雖然歷代之佛道衝突均有其時代背景，但爭執重心不外乎就是佛老先後及老子化胡成佛之真偽，乃至元朝劈道藏、焚道經、迫道士削髮為僧，所為者也就是這部《老子化胡經》。今日我們回首整個佛道論衡始末，或許覺得當時人實太小題大作，但從史籍中看到二教是如此慎重其事的辯於朝廷、爭於文論，甚至為此犧牲生命時，我們實不能再以輕視之眼光來看待此事，反要以戒慎恐懼的心情重新來研究它、面對它。

　　正因《老子化胡經》乃佛道爭持下產生之經典，故道教得勢時，它被捧得同天一樣高，因為本經為太上老君親著，弘揚道法於西域之「聖經」；相對的，佛教勢力抬頭時，本經則難逃被焚、被禁、被毀之命運，因為此經為辱及佛陀且蔑視全體教徒之「偽書」。於是便在禁毀中，《老子化胡經》產生了

多樣變化，因爲：你禁，我私藏；你焚，我重寫；你毀，我再編。在此種情況下，歷朝各代均有不同版本之《化胡經》出現，而且卷帙代有增衍，從晉至宋，由一卷增至十一卷，其速度不可謂不快。但至元朝，在憲宗皇帝令下，《老子化胡經》就此付於祝融，消失人間，直至六百年後敦煌文物出土，方始重現世間。然此經重現至今已近百年，卻始終受國人冷落忽視，也未曾對此經所代表之歷史義意有過深思，因此面對已矣之佛道爭持歷史，有必要於此重新釐清，給予一客觀公正之評斷。

近年來，台灣學佛風氣大興，影響所及，佛學論述亦汗牛充棟，然相對於道教之研究論著，卻始終冷冷清清寥若無幾。揆其原因，殆台灣之道教多與民間信仰結合，一般人往往將求神問卜，詐財騙色之神壇及當街舞刀弄劍，刺得全身鮮血淋漓的乩童視爲道教之全部，因而以爲道教爲一低俗、迷信、不入流之宗教，而不屑於研究。復以道教本身經典紊亂，或剽竊佛典、或扶鸞著書、或私人僞造、加上後人疊床架屋增踵其事，益增研究考證上之重重困難。但身爲研究者，不能因道教之受到鄙棄，也人云亦云之加以漠視，畢竟它爲歷史上及今日既存之一個環節。

大陸雖爲無神論之共產國家，但近年來亦已開始注意到道教之相關問題研究，目前可見之成果有：任繼愈等編的《中國道教史》，（上海：人民，1990）、湯一介的《魏晉南北朝時期的道教》，（台北：東大，1988）、卿希泰的《中國道教思想史綱》，（台北：木鐸，1986）、胡孚琛的《魏晉神仙道教》（北京：人民，1988）、李養正的《道教概說》，（北京：中華，1990）、中國道教協會研究室編的《道教史資料》，（上海：古籍，1991）、劉國梁的《道教精華》，（吉林：文史，1991），王家祐的《道教論稿》（四川：巴蜀，1991）等，顯見這塊園地已漸受重視，未來成果將或可期。

再觀鄰國日本，其漢學研究者爲教道所投注之心力，更令吾人敬佩。如大淵忍爾的《敦煌道經》、吉岡義豐的《道教と佛教》、《道教の實態》、窪德忠的《道教史》、《講座敦煌》第四冊的《敦煌と中國道教》、福井康順等著《道教》，均是擲地有聲的論著。

回顧前人研究，吾人極願略盡一己棉薄之力，投入道教領域之研究，並且願以《老子化胡經》及其相關諸問題，作爲研習之起點，由史入手，追源探流，考鏡問題之眞象，以明佛、道二教發展中，諸爭持與消長之問題。

第二章　敦煌《老子化胡經》概說

第一節　敦煌《老子化胡經》簡介

敦煌《老子化胡經》現存七卷，其中一卷失題，各卷概況據大淵忍爾《敦煌道經・目錄篇》〔註1〕引述，並加本人按語，說明如下：

一、斯 1857

長寬：225×24.8 公分，爲無光澤橫格式厚黃紙。卷首下部割裂，尾部完整，附有卷軸，並有小字體之註解。

首題：老子化胡經序魏（下缺）

尾題：老子化胡經卷第一　道士索洞玄經

首題後二十行處題：老子西昇化胡經序說第一

二、伯 2007

長寬：204×（25.6～25.7）公分，爲微帶白色之上好黃紙。卷首破損，尾部完整。

尾題：老子化胡經卷第一

三、斯 6963

長寬：578×24.9 公分，爲無光澤厚黃紙。卷首下部毀損甚多，卷尾下部

〔註1〕　大淵忍爾：《敦煌道經・目錄篇》，（福武書店，1978 年），頁 322～324。

亦有部分損壞，尾題之處有一直線切割，全體上部亦有被切斷過
之痕跡。

尾題：老子化胡經第二宮（下缺）。

四、伯 3404

長寬：501×25.4 公分，為微黑之上好厚黃紙。卷首上方略有損毀，尾部
完整。

首題：（上缺）化胡經受道卷第八　奉敕對定經本

五、伯 2004

長寬：460×（25.1～25.6）公分，為微帶白色之上好黃紙。首尾完整，
附有卷軸及表紙。

表紙：老子化胡經第十

首題：老子化胡經玄歌卷第十

尾題：老子化胡經卷第十　並有「淨土寺藏經」印，意味著本經曾被佛
寺收藏。

六、伯 2360

長寬：51.1×（25.6～25.8）公分，為厚黃紙，首尾殘缺。

七、斯 2081

長寬：240×25.5 公分，諸口紙狀之厚黃紙。卷首殘缺，下部損壞，尾部
完整，附有卷軸，卷首之外的上下劃有夗線。

尾題：太上靈寶老子化胡妙經

以上七卷敦煌《化胡經》，扣除卷一重複，實際只有六卷，六卷分屬四個
系統：卷一、卷二、卷十同屬一系；卷八、《靈寶化胡經》、失題《化胡經》
各成一系，共為四系（按：請參閱次章第一節）。又下文凡述及敦煌《化胡經》
諸卷，如非必要，一律以卷一、卷二、卷八、卷十簡稱之。至於斯二○八一《太
上靈寶老子化胡妙經》則簡稱為《靈寶化胡經》；伯二三六○則稱其為失題《化
胡經》。

第二節　《老子化胡經》之作者

　　《老子化胡經》之作者，相傳為西晉道士王浮。梁・僧佑《出三藏記集・法祖法師傳》記此事云：

> 帛遠，字法祖，本姓萬氏，河內人。……才思俊徹，敏朗絕倫，誦
> 經日八九千言，研味方等，妙入幽微，世俗墳索，多少該貫。乃於
> 長安造築精舍，以講習為業。白黑稟受，幾出千人。晉惠之末，太
> 宰河間王顒，鎮關中，虛心敬重，待以師友之敬，每至閒辰靖夜，
> 輒談講道德……能言之士，咸服其遠達。祖見群雄交爭，干戈方始，
> 志欲潛遁隴右，以保雅操。會張輔為秦州刺史，鎮隴上，祖與之俱
> 行，輔以祖名德顯著，眾望所歸，欲令反服為己僚佐，祖固志不移，
> 由是結憾。〔註2〕

傳於法祖赴隴遇害後續曰：

> 後少時有一人，姓李名通，死而更蘇云：見祖法師在閻羅王處為王
> 講《首楞嚴經》云（按：法祖曾自註《首楞嚴經》），講竟，應往忉
> 利天。又見祭酒王浮，一云道士基公，次被鎖械（按：此句又作：
> 一云道士基公次，被鎖械），求祖懺悔。昔祖平素之日，與浮每爭邪
> 正，浮屢屈，既意不自忍，乃作《老子化胡經》以誣謗佛法，殃有
> 所歸，故死方思悔。〔註3〕

慧皎《高僧傳・帛遠傳》也有同樣記載，文字幾乎相同。〔註4〕又法琳《辯正論》卷五引《晉世雜錄》曰：

> 道士王浮每與沙門帛遠抗論，王屢屈焉，遂改換《西域傳》為《化
> 胡經》，言喜與聃化胡作佛，佛起於此。〔註5〕

唐・陳子良於此下注曰：

> 斐子野《高僧傳》（按：《梁書・斐子野傳》作《眾僧傳》）云：晉慧
> （惠）帝時，沙門帛遠，字法祖，每與祭酒王浮，一云道士基公次，
> 共諍邪正，浮屢屈焉。既嗔不自忍，乃託《西域傳》為《化胡經》，
> 以謚佛法，遂行於世。……《幽明錄》云：蒲城李通死，來云，見

〔註2〕　梁・僧佑：《出三藏記集》卷十五，《大正藏》冊五十五，頁107。
〔註3〕　同前註。
〔註4〕　參見慧皎：《高僧傳》卷一，《大正藏》冊五十，頁324。
〔註5〕　唐・法琳：《辯正論》卷五，《大正藏》冊五十二，頁522。

　　沙門法祖爲閻羅王講《首楞嚴經》。又見王浮身被鎖械，求祖懺悔，

　　祖不肯赴，孤負聖人，死方思悔。〔註6〕

按：前引文皆云王浮改《西域傳》爲《化胡經》，《西域傳》究竟爲何書？是否爲《化胡經》之同類作品？《集古今佛道論衡》卷丁曰：

　　據《晉代雜錄》及裴子野《高僧傳》皆云：道士王浮與沙門帛祖對

　　論每屈，浮遂取《漢書・西域傳》擬爲《化胡經》。〔註7〕

由此，知王浮乃取《漢書・西域傳》中之西域國名、人名插入老子教化遊行於西域各地之事，非別有《西域傳》一書。〔註8〕又，《晉世雜錄》東晉末竺道祖撰，《幽明錄》劉宋劉義慶撰。裴子野、僧佑、慧皎均爲梁時人，道祖、義慶、子野之書今均佚，此爲目前可見最早有關《老子化胡經》之記載。雖然上引諸書之時代、作者均異，卻一致指出王浮爲《老子化胡經》之作者，〔註9〕然王浮到底是何許人，從上述引文中卻仍然一無所知，僅有的線索，只能從法祖法師身上來尋。

　　從上述記載中，知法祖法師之活動範圍皆在關隴一帶，則王浮想必亦爲當地人士。其次，法祖法師爲晉初名僧，孫綽《道賢論》以七沙門比竹林七賢，以法祖匹嵇康，浮既時與祖爭邪論正，則當非無學之士，甚至頗富才學，否則何有能力造作《化胡經》？三者，從「祭酒」一詞推測，王浮似爲五斗米道一派之道士。「祭酒」，本官名之一種，負責掌管學制之相關工作，漢代曾置「博士祭酒」，晉代亦置「國子祭酒」。道教之五斗米道，自張陵開始，即襲用「祭酒」一詞以爲教民之長官。晉・葛洪《神仙傳・張道陵傳》云：

　　（張道陵）與弟子入蜀，住鶴鳴山……弟子戶至數萬，即立祭酒，

〔註6〕　同前註。

〔註7〕　唐・道宣：《集古今佛道論衡》卷丁，《大正藏》冊五十二，頁391。

〔註8〕　日本學者對《西域傳》之問題尚有爭論，或云《西域傳》乃《魏略・西戎傳》之別稱，或云別有《西域傳》一書，惜因缺乏證據，諸說至今仍無肯定結論，僅能作爲參考。請參見：松本文三郎：〈老子化胡經の研究〉，《東方學報》第15冊第1分。重松俊章：〈老子化胡說の由來〉，《史淵》第十八期。柴田宣勝：〈老子化胡經僞作者傳に就いて〉，《史學雜誌》四十四卷一～二期。

〔註9〕　大陸學者李養正以爲：「『基公』極可能爲『諶公』之誤。梁諶（按：梁諶爲樓觀派之實際創始人，當時之著名道士。）爲魏元帝時人，與王浮大體同時，且他所造作之《關令內傳》（《樓觀先生本起內傳》）也有老子西昇化胡之說。……他也是魏晉南北朝樓觀道投入佛道之爭的第一人。」按：此說頗有參考價值，惜乏適當證據佐證。請參閱：李養正：《道教概說》，（北京：中華書局，1990），頁82。

分領其戶，有如長官。〔註10〕

又《後漢書‧劉焉傳》云：

魯遂自號師君。其來學者，初名爲鬼卒，後號祭酒，祭酒各領部眾。……不置長吏，以祭酒爲理，民夷信向。〔註11〕

《魏書‧張魯傳》云：

魯……以鬼道教民，自號師君。其來學道者，初皆名鬼卒，受本道已信，號祭酒，各領部眾。多者爲治頭大祭酒。……不置長吏，皆以祭酒爲治，民夷便樂之。〔註12〕

由此知「祭酒」本是漢代學官之名稱，五斗米道襲用此名詞，令祭酒在教團擔任監督、指揮初發心教民、教誦老子《道德經》等工作。故「祭酒」一職，實乃初期道教教團之重要幹部。王浮既號爲「祭酒」，似爲五斗米道一派之高階道士。

因此綜合以上所論推測：王浮約是與法祖法師同時之人物，活動範圍在關隴一帶，頗通文墨，可能是五斗米道中之高階道士。至於王浮造《老子化胡經》之時代，據前引文，法祖法師爲張輔所殺，而張輔又爲富整所殺。《晉書‧張輔傳》云：

（河間王）顒……以輔代重，爲秦州刺史。……金城太守游楷……陰圖之……召隴西太守韓稚，會議未決。稚子朴有武幹，斬異議者，即收兵伐輔，輔與稚戰於遮多谷口，輔軍敗績，爲天水故帳下督富整所殺。〔註13〕

據《資治通鑑》卷八十六之記載，張輔戰死之時間爲永興二年（305）。又《護法論》云：

晉惠帝時（290～306）王浮僞作《化胡經》。〔註14〕

由此推測王浮造《老子化胡經》之時間，應於西元三〇〇年前後。唯王浮或爲彼時《化胡經》作者，然是否即爲敦煌《化胡經》作者，則仍有待商榷，其理由有三：

一、就經名而言，王浮所作之《化胡經》爲《老子化胡經》或《明威化

〔註10〕 晉‧葛洪：《神仙傳‧張道陵傳》卷四。
〔註11〕 《後漢書》卷六十五〈劉焉傳〉。
〔註12〕 《三國志‧魏書》卷八〈張魯傳〉。
〔註13〕 《晉書》卷六十〈張輔傳〉。
〔註14〕 宋‧張商英：《護法論》，《大正藏》冊五十二，頁645。

胡經》。《老子化胡經》之名，已見前引文。至於《明威化胡經》，唐‧法琳《辯正論》陳子良注曰：

> 案：晉世道士王浮，改《西域傳》爲《明威化胡經》。」〔註15〕

元‧祥邁《辯僞錄》亦云：

> 晉時王浮造《明威化胡經》。〔註16〕

故知王浮所造之《化胡經》名爲《老子化胡經》或《明威化胡經》。而現存敦煌《化胡經》則有《老子西昇化胡經》、《老子化胡經玄歌》、《太上靈寶老子化胡妙經》等多樣之經題，與史籍所載之王浮《化胡經》不同。

二、就卷數而言，唐‧神清《北山錄》卷二注云：

> （《化胡經》）晉時王浮道士所撰，一卷。後漸添成十一卷。」〔註17〕

志磐《佛祖統紀》卷三十六注云：

> （王浮《化胡經》）其文本一卷，其徒增爲十一卷：第一卷說化罽賓胡王，第二卷俱薩羅國降伏外道，第三卷化維衛胡王，第四卷化罽賓王兄弟七人，第五卷化胡王。〔註18〕

據此二則記載，王浮之《化胡經》僅有一卷，而今本敦煌《化胡經》卻有卷一、卷二、卷八、卷十之分別，與王浮之一卷本《化胡經》實大不相同。

三、就內容而言，敦煌《化胡經》頗有晉以後內容涉入，如卷一八十胡國中之康國、石國、史國、米國、曹國、何國、火尋國、大小安國即唐代西域所謂昭武九姓之八國。又如卷十玄歌中描述北魏太武帝滅佛之情形，亦非王浮當時所能預見，故敦煌《化胡經》絕非王浮原作。〔註19〕

雖然，上述三點足以證明敦煌《化胡經》確非王浮原作，但並不能因此便一刀斬斷二者之關係。因爲《化胡經》就如同我國其它諸書一樣，由原作者創作後，經歷後人之增補刪改，漸漸衍成今日所見之貌。因此，若說王浮爲敦煌《化胡經》之作者，自然爲非，但若說王浮爲《化胡經》之原始作者或代表作者，則無不可。

附帶言之，帛遠之弟帛法祚，亦當時知名高僧，然兄弟二人先後爲秦州刺史張輔、梁州刺史張光所殺，而被殺之原因皆爲不答應主政者還俗之要求。

〔註15〕唐‧法琳：《辯正論》卷六，《大正藏》冊五十二，頁534。
〔註16〕元‧祥邁：《辯僞錄》卷一，《大正藏》冊五十二，頁756。
〔註17〕唐‧神清：《北山錄》卷二，《大正藏》冊五十二，頁583。
〔註18〕宋‧志磐：《佛祖統紀》卷三十六，《大正藏》冊四十九，頁340。
〔註19〕本項所述請參見次節「敦煌《老子化胡經》之時代」。

彼時南北朝政治雖然混亂，然不答應還俗，是否即構成死罪，頗值推究。《晉書》記張光征伐漢中，被圍致死。臨死前按劍曰：

> 吾受國厚恩，不能翦除寇賊，今得自死，便如登仙，何得退還也。
> 聲絕而卒。〔註20〕

成仙思想中國雖古已有之，然從其上下文語氣推測，張光似爲道教信徒。至於張輔，雖無資料證明其人爲道教徒，但由其要求法祖還俗，並以此理由殺害法祖之事觀之，張輔若非道教之支持者，至少亦不是尊重佛教或沙門之輩，否則豈會作出殺害僧徒之事。因此，若張輔、張光果眞如上述之推論，則此二事件象徵王浮造《化胡經》時，佛道二教已隱然對峙，雖未表面化，卻已暗濤洶湧矣。此或即刺激王浮造《化胡經》之社會因素。

第三節　敦煌《老子化胡經》之時代

如前節所述，現存敦煌《化胡經》共有七個卷子，其內容成立時代，各卷不一。目前可以較明確考證出時間者只有卷一及卷十，其餘均只能約略言之，茲分卷詳述如後。

一、卷　一

卷一之內容成立時代，可從二方面來考證：一爲文中所述之八十胡國名。二爲卷末有關摩尼教之敘述。前者依羅香林先生之考證，可分爲三類：〔註21〕

1、為中國古來所熟知者：如于闐國、焉耆國、龜茲國、疏勒國、大月氏國、大秦國等，皆為自漢至晉中國人民所熟知者。

2、「於唐太宗與高宗時參加天可汗之組織，而與中國相和綏者。」如康國、石國、史國、米國、曹國、何國、火尋國、大小安國即唐代昭武九姓之八國。又如訶達羅支國、解蘇國、骨咄陀國、罽賓國、護時犍國、烏拉喝國、多勒犍國、俱蜜國、護密多國、久越得犍國及波斯國等，即唐高宗時所設西城十六國之十六都督府。

3、「雖其名號中國自漢至晉所已先被提及，然此文所用譯名則爲自唐始通行者。」如拔汗那王，《史記》、《漢書》、《晉書》皆作大宛國，《魏

〔註20〕《晉書》卷五十七〈張光傳〉。
〔註21〕羅香林：〈敦煌石室所發現老子化胡經試探〉，《珠海學報》第八期（1975年9月），頁3。

書》作破洛那，《隋書》作沛汗，又曰鏺汗。《新唐書》作拔汗那，正
與此文所引相同。

　除此之外，陳垣先生更在其名作《摩尼教入中國考》指出：「大食國」一
名，乃唐永徽二年始見於史乘，唐以前未聞有此國名，因此斷定此文爲唐永
徽以後所僞作。〔註22〕

　其次，就摩尼教之記載而言，在敦煌出土之摩尼教殘卷中，編號斯三九
六九之《摩尼光佛教法儀略》引了一段《老子化胡經》之文字云：

　　《老子化胡經》云：我乘自然光明道氣，飛入西那王界蘇鄰國中，
　　示爲太子，捨家入道，號曰摩尼，轉大法輪，說經戒律定慧等法，
　　乃至三際及二宗門。上從明界，下及幽塗，所有眾生皆由此度。摩
　　尼之後，年垂五九，我法當盛，五九四十五，四百五十年，教合傳
　　於中國，至晉太始二年正月四日乃息化，身還歸眞寂，教流諸國，
　　接化蒼生。〔註23〕

此段文字與現存敦煌《化胡經》卷一文末之文字大致相同（請參見附錄。又
下文凡引敦煌《化胡經》，皆請參閱附錄，不再註出）。《儀略》原件署有「開
元十九（西元731年）六月八日，大德拂多誕奉詔集賢館譯」，因此本卷內容，
當早在開元十九年之前，即已普遍流傳。綜合上述二點，本卷內容當在唐高
宗永徽二年至玄宗開元十九年間成立。

　此外，本卷卷末有「道士索洞玄經」之題記。根據姜亮夫等敦煌學者之
考查，索洞玄乃唐玄宗時代，專以抄經爲業之道士。在敦煌發現編號斯三五
六九、伯二二五六兩卷之《本際經》，及斯二九九九之《太上道本通微妙經卷
第十》，皆由他於開元二年間寫成，因此推想本卷也當在開元初年過錄。此推
論若成立，則內容成立年代不當晚於抄寫年代，如此則可將上述結論之下限，
往上推移十餘年，但保守來說，本卷之容，約在高宗永徽二年至玄宗開元十
九年間成立，抄寫年代則約在玄宗開元年間。〔註24〕

二、卷　十

　卷十據逯欽立先生之考證，以爲「此卷玄歌俱爲北魏太武帝太平眞君七年

〔註22〕陳垣：〈摩尼教入中國考〉，《國學季刊》一卷二期，頁216。
〔註23〕唐・拂多誕譯：《摩尼光佛教法儀略》，《大正藏》冊五十四，頁128。
〔註24〕近人王見川更將時間拉近爲開元四年至十九年，但筆者以爲此說尚有可議之
　　　　處，故此處不予引述，請參見本論文第三章第二節。

以後之作」，又云：「顧此玄歌，雖不出於太武以前，然亦非齊周時代之作」。他以爲本卷《化胡歌》第二首中之「寺廟崩倒漸，龍王舐經文，八萬四千弟子，一時受大緣，輪轉五道頭，萬无一昇仙。」及《老君十六變詞》之第十三首云：「亦无至心逃避兵，不翫道法貪治生，捔心不堅還俗經，八萬四千受罪緣。」即指北魏太武帝太平眞君七年廢佛之事。又《老君十六變詞》之第一首云：「合口頌經聲琭琭，眼中淚出珠子碝。」北齊顏之推《顏氏家訓》曾引之；《化胡歌》第二首從「我至舍衛時」至「太上踏地嗔」，北周甄鸞《笑道論》曾引之，俱證此卷玄歌仍存齊周以前之原有文字，而必爲北魏時之著作，因此推知本卷之成立時代爲北魏太平眞君七年以後至齊周間之作品。〔註25〕

　　逯文考證精審，令人佩服。需提出說明者爲《化胡經》往往非成於一時一人之手，本卷內容包含了《化胡經玄歌》七首、《尹喜哀歎》五首、《太上皇老君哀歌》七首、《老君十六變詞》十八首，四部三十餘首詩，不免吸收時代較早之作品，或有後世作品攙入，故逯文屢用「必爲」二字論其年代，筆者以爲稍嫌武斷。若說此卷之大部分內容乃成立於北魏太平眞君七以後，至齊周之間似較圓融妥當。〔註26〕

三、其他諸卷

　　除上述卷一、卷十，其餘諸卷可據資料甚少，僅能約略言之。

1、卷　二

　　有關卷二之時代，僅能就文中提出之九十六外道考證其名在中國出現時間，藉此推定本卷之年代。

　　（1）第六外道「賓頭盧」：據鎌田茂雄《中國佛教通史》云：

　　　記載賓頭盧事蹟的《十誦律》是道安歿後，經二十年，由弗若多羅和鳩摩羅什所共譯的。〔註27〕

又云：

　　　《十頌律》是在弘始六年（西元 404 年）十月十七日開始翻譯。

〔註25〕逯欽立：〈跋老子化胡經玄歌〉，《國立中央圖書館館刊》復刊二號 （民國三十六年），頁13。

〔註26〕其它諸卷亦復如此，故本卷所考訂之時間，僅能視爲該卷主體內容之成立時間爲如此，不排斥有前後人作品攙雜其間。

〔註27〕鎌田茂雄：《中國佛教通史》，（台北：佛光出版社，民國八十年），頁380。

　　　　　〔註28〕
故知「賓頭盧」一詞之出現，當在弘始六年之後。

　　（2）第九外道「信行」：「信行」在此處有二解：一解爲佛教術語，乃相
對於「法行」而言；一解爲隋代三階教之開教師信行。信行生於梁武帝大同
四年（西元 540 年），卒於隋開皇十四年（西元 594 年）。若本卷作者，蓄意
鄙視佛教，極有可能將二階教之祖師貶入外道之列，如此則本經之造作年代，
當不早於梁朝。

　　（3）第二十二外道「眞諦」：「眞諦」亦同「信行」有二解：一解爲佛教
術語，乃相對於「俗諦」而言；一解爲梁朝之譯經師眞諦。眞諦爲天竺人，
來華時間，據鎌田茂雄《中國佛教通史》云：

> 大同十二年（或中大同元年，546）八月十五日，眞諦到了南海，可
> 能走的是海路……沿著長江南下抵建康時，已是太清二年（548）二
> 月。」〔註29〕

眞諦爲將佛教唯識經典傳入中國之首要人物，在佛教譯經史中有重要地位。
故其被道教人士貶入外道之林，是可以理解的。

　　從上述三外道名稱之考證，誰論本卷之時代，若第九外道及第二十二外道，
有任一詞從後一解，則本卷之內容時代可明確推知在梁武帝之後成立。否則唯
有據第六外道來推論，本卷當成立在後秦弘始六年（東晉安帝元興三年）之後。

2、卷　八

　　本卷幾無任何資料可資考證，唯經中有一段記載，與北周・甄鸞《笑道
論》所引之《化胡經》頗爲類似，茲先將二文附於後。卷八云：

> 「優婆塞」、「優婆夷」者，迦夷國大兵眾，侵煞鄰國，奪人男女財
> 寶，人皆忘之，相率於國，男立塞，使強兵防守；女人老弱，令在
> 家中。胡名劫奪曰「劫叛婆」，故女子居家者，憂其男子在塞上爲迦
> 夷所劫奪傷煞，遂呼男爲「優婆塞」；男子守塞者，憂其女子在家復
> 爲迦夷所劫擄略，乃呼女爲「優婆夷」。

又《笑道論》云：

> 又流沙塞有加夷國，常爲劫盜，胡王患之，使男子守塞常憂，因號

〔註28〕同前註，第二冊，頁282。
〔註29〕同前註。

男爲「優婆塞」；女子又畏加夷所掠，兼憂其夫爲夷所困，乃因號「優

婆夷」。〔註30〕

此二文，後者顯然較前者簡單而樸實。據此，推測卷八與甄文所引《化胡經》
爲同一系統。若否，至少就此部分言，其來源甚早，約南北朝末期即已成立
流傳。

3、《靈寶化胡經》

本經亦無法確切推考其年代，但從文中述及太平眞君及彌勒信仰之事，
約略可以考出本經成立之時間。其文曰：

大劫將終……過度惡世，得見太平，與眞君相値。未劫之後……眞

君來下，及彌勒衆聖，治化更生……得見太平。

按：「太平眞君」一方面爲北魏太武帝之年號（440～450），一方面爲南北朝民
間傳說中之救世主（請參閱第三章第四節），此說在太平眞君年間達到高潮。而
彌勒信仰，其相關經典直至東晉方才陸續譯出，隨後盛行於南北朝。〔註31〕

因此由本經吸收太平眞君及彌勒思想之情形推測，本經當在晉末至北魏
太平眞君年間，彌勒及太平眞君二方信仰流行時成立。

4、失題《化胡經》

本卷《化胡經》失題，然唐王懸河《三洞珠囊・老子爲帝師品》引《化
胡經》述老子歷代爲帝師事，與本卷內容頗爲相似（請參閱附錄），本卷即據
此推定爲《化胡經》之佚文。王懸河，不知何許人，一般咸以爲初唐人，若
如此，則本經之成立，約在隋唐之際，或更早，但早至何時，則缺乏資料可
作考訂。

〔註30〕北周・甄鸞：《笑道論》，《廣弘明集》卷九，頁113。

〔註31〕請參見汪娟：《唐代彌勒信仰研究》第一章 第一節〈彌勒信仰的根本經典與
發展類別〉，中國文化大學中研所碩士論文，（民國79年），頁7～21。

第三章　敦煌《老子化胡經》之內容

第一節　概　說

敦煌《化胡經》共有七卷，各卷題名不盡相同（請參閱前章），依其尾題：斯一八五七及伯二〇〇七之《老子化胡經》卷第一、斯六九六三《老子化胡經》卷第二、伯二〇〇四《老子化胡經》卷第十，當屬同一系；伯三四〇四《老子化胡經受道》卷第八及斯二〇八一《太上靈寶老子化胡妙經》各成一系；而伯二三六〇失題，無法歸屬，亦只好自成一系。此四系七卷《化胡經》對老子之尊稱並不統一，或云天尊、或云老子、或云太上、或云老君。由於對老子尊稱之互異，筆者以爲：卷一、卷二、卷十三卷之經題相同，又同以「老君」爲老子之尊稱，故可能爲同一經中之三個分卷。至於卷八，經題與前系相近，但行文語氣又不甚相類，筆者幾度猶豫，不知如何將其歸屬，後來發現卷八全卷皆直呼「老子」之名，而不加以尊稱，與前三卷不同。又對於外道之記載，卷一云：

> 我令尹喜……爲佛陀……破九十六外道。

卷二云：

> 老子……言是諸外道鬼神有九十六種，略爲說之。

二卷皆以爲外道有九十六種，但卷八卻云：

> 我……教化八十餘國，降伏九十五種邪道。

以爲外道有九十五種。按：外道之說乃源於佛教，而佛經本身對外道之記載即有九十六及九十五二說，故知卷八與卷一、卷二來源不同，因此特將卷八

單獨成系。

　　《老子化胡經》顧名思義，是指被尊爲道教始祖之老子出關教化胡人之經典，至於老子所教何國、所化何胡，其過程如何，各卷所說不同，本無可厚非，因《化胡經》本非一時一人之作。值得深究者，爲整個化胡過程中，到底是誰化身浮圖來教化胡人？《後漢書・襄楷傳》是目前可見有關老子化胡說之最早記載，其文曰：「或言老子入夷狄爲浮屠。」，〔註1〕明白指出老子便是浮屠，後來之化胡說也都循此脈絡發展，但敦煌之《化胡經》卻在老子做佛之外，又多出尹喜成佛一說，二說頗有矛盾之處，以下先將相關文字引錄於後。

　　　　（老子）又以神力爲化佛形，騰空而來。

　　　　桓王之時……我令尹喜乘彼月精，降中天竺國，入乎白淨夫人口中，託廕而生，號爲悉達，捨太子位，入山脩道，成无上道，號爲佛陀。

　　　　（以上卷一）

　　　　老子曰：「佛者是弟子尹喜託身，一時教化雖未至極，亦是聖人。」

　　　　（以上卷八）

　　　　五變之時，生在中都在洛川，……運終數盡向罽賓，化胡成佛還東秦。

　　　　十六變之時，生在蒲林號有遮，……出家求道號釋迦。（以上卷十）

從上面五則引文可以看出敦煌《化胡經》對誰作佛並未有一致說法，不僅各卷說不同，即令同卷之中，亦二說並存，前後矛盾。此現象不獨敦煌《化胡經》如此，證之其它相關記載，亦復如是。如北周甄鸞《笑道論》引諸道經曰：

　　　　《文始傳》老子化胡，推尹喜爲師，而《化胡消冰經》云：「尹喜推老子爲師。」《文始傳》云：「吾師號佛，佛事無上道。」又云：「無上道承佛威神，委喜爲佛。」……又《化胡消冰經》皆言老子化罽賓，自身爲佛。〔註2〕

元・祥邁《辯僞錄》卷二，引《八十一化圖》曰：

　　　　第三十四化云老子告胡王曰：「使我弟子爲佛，汝當師之，既使尹喜

〔註1〕　《後漢書》卷三十《襄楷傳》。

〔註2〕　北周・甄鸞：《笑道論・五佛並出條》，見《廣弘明集》卷九。

變身爲佛，與胡人爲師……。」又云：「老子至舍衛國，自化作佛，坐七寶座。」〔註3〕

凡此矛盾現象，向未受研究者提及。考之《後漢書‧襄楷傳》云：「或言老子入夷狄爲浮屠。」此爲目前有關老子化胡之最早記載，由此推測，原始之老子化胡說，乃老子爲佛陀。後來此說漸漸流傳擴大，至晉惠帝，道士王浮據此傳說僞作《老子化胡經》，此時佛道二教勢力，比之漢朝，壯大不少，雙方各有其擁護者，而衝突亦不斷發生。此經出現，使得道教人士在與佛教徒對辯時，有所憑據的詆毀佛教、貶低佛教，二教衝突也因此更形白熱化。約略在晉末至南北朝初期，佛教人士基於反化胡說之心理，漸漸凝成一股共識，提出「化華說」來反駁「化胡說」（按：本節涉及之原始化胡說，及二教之「化胡」、「化華」說，下章將有詳論，此處僅大略言之），此說大意爲：老子實爲佛陀之弟子迦葉，因奉佛命前來中土教化百姓，至周末，任務完成，遂出關返國覆命。故道教所言之老子出關化胡，實乃老子化華已成，回鄉覆命。在此種情形下，老子既被佛教人士貶爲佛陀之弟子迦葉，道教人士自然不能示弱，故乃還以顏色，將佛陀貶爲老子之弟子尹喜。因此，原始化胡說本是「老子入夷狄爲浮屠」，至此乃改爲「老子命尹喜化身作佛，雖未成道，亦是聖人」。故尹喜作佛之說應屬晚起，其形成當在王浮造《化胡經》之後，佛教提出化華說之同時或稍晚。後世《化胡經》或承襲老子爲佛之舊說，或吸收尹喜爲佛之新說，再加上後人之增刪修改，終於在疊床架屋之情形下，造成今日既曰老子成佛，又云尹喜爲佛之矛盾記載。今將全部推演過程，簡單列表說明之：

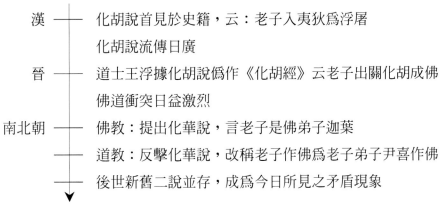

漢	化胡說首見於史籍，云：老子入夷狄爲浮屠
	化胡說流傳日廣
晉	道士王浮據化胡說僞作《化胡經》云老子出關化胡成佛
	佛道衝突日益激烈
南北朝	佛教：提出化華說，言老子是佛弟子迦葉
	道教：反擊化華說，改稱老子作佛爲老子弟子尹喜作佛
	後世新舊二說並存，成爲今日所見之矛盾現象

〔註3〕元‧祥邁：《辯僞錄》卷二，《大正藏》冊四十九，頁759。

第二節　卷一內容探究

　　卷一可分為二部分，一為卷首約四百字之經序，二為經序後之正文。經序題為魏明帝製，實則偽作，宋謝守灝《混元聖紀》卷五錄有此序，文字大致相同而略簡（見附錄）。卷一正文緊接經序之後抄錄，故乍看之下會誤以為二文是互相連屬，但若仔細核對內文，可發現二文歧異處不少，原來當屬各別獨立之作，後人不察，遂將之合抄。以下將二文相出入者分條言之。

　　　　一、出生：經序言老子「長於太初冥昧之前，无師无祖誕生自然」，卷一
　　　　　　則言老子「入於玄妙玉女口中，寄胎為人……誕生於亳」。前者誕自
　　　　　　然，後者誕生於亳，此一不同也。

　　　　二、籍貫職務：經序言：「（老子）深愍後生，託下於陳，為周柱史」，卷
　　　　　　一則言：「二月十五日，誕生於亳……晦跡藏名，為柱下史」。陳、
　　　　　　亳；柱下史、周柱史，意雖近而實異。

　　　　三、化胡遊歷之次序：經序言：

　　　无極之際，言歸崑崙，化彼胡域，次授罽賓，後及天竺，於是遂邊，
　　　文垂後世，永乎弗泯。

卷一卻言：

　　　便即西度、經歷流沙，至于闐國毗摩城所……如是不久，過蔥嶺
　　　山……次即南出，至于烏場，遍歷五天，入摩竭國……穆王之時，
　　　我還中夏，使入東海，至于蓬萊方丈等洲，到於扶桑，暫過太帝之
　　　所……爾後……王者无德，我即上登崑崙，飛昇紫微。

此二段文字，不僅教化經歷之國家不同，且一以崑崙為化胡之起點，一以崑崙為化胡之終點，其差異明顯可知矣。

　　經序之外，卷一最引人注目者，乃是經文述及摩尼教事，其文云：

　　　後經四百五十餘年，我乘自然光明道氣，從真寂境飛入西那玉界蘇
　　　鄰國中，降誕王室，示為太子，捨家入道，號「末摩尼」，轉大法輪，
　　　說經誡律定慧等法，乃至三際二宗門，教化天人，令知本際。上至
　　　明界，下及幽塗，所有眾生，皆由此度。摩尼之後，年垂五九，金
　　　氣將興，我法當盛，西方聖象，衣彩自然，來入中州是效也。當此
　　　之時，黃白氣合，三教混齊，同歸於我。仁祠精舍，接棟連甍，翻
　　　演後聖大明尊法。

何以道教之經典會言及摩尼教及其二宗三際之內容，歷來學者為此爭論不

已，歧見頗大。陳垣《摩尼教入中國考》云：

> 此唐朝道家依託摩尼教也。晉時佛法盛，故《化胡經》託於佛。唐
> 時摩尼教盛，故《化胡經》復託於摩尼。曰：「三教混齊，同歸於我。」
> 者，道、佛、摩尼也。在當時道家之意，以能涵蓋三教爲榮。在今
> 日考證家觀之，則當時摩尼必有可慕之勢，而後道家乃依倚之也。
> 〔註4〕

此說以爲經文乃道教徒爲攀附摩尼教之勢力而加入。但林悟殊先生則反對此
說，他說：

> 對陳垣先生這一考證，我頗感疑惑。查開元天寶而後摩尼教在中國
> 最得意之際，無非就是倚仗回鶻勢力那一段時間，即從大歷三年
> （768）在京城首建大雲光明寺到會昌元年（841）回鶻國破西遷，
> 武宗全面查禁摩尼教止。就算在這段時期裡，我認爲，對於唐代道
> 家來說，摩尼教也絲毫沒有可慕之勢。對此，我想引用陳垣先生同
> 篇文章中的另一考證來作論據。陳文說：「《唐文粹》卷六五，舒元
> 輿《重嚴寺碑序》云：『國朝沿近古而有加焉，亦容雜夷而來者，有
> 摩尼焉，大秦焉，祆神焉，合天下三夷寺，不足當吾釋寺一小邑之
> 數。』元輿以太和九年（八三五）被殺，重嚴寺碑著于長慶間，其
> 列舉三夷寺，以摩尼居首，此必當時一種現成排次，如儒釋道者焉，
> 而元輿隨筆引用者也。」從陳垣先生這段考證，我們可以看出，當
> 時摩尼教雖盛，但畢竟被認爲是「雜夷」；它之名列第一，僅僅是與
> 「大秦」、「祆神」比較，而不是與儒釋道相匹……尤其是唐代道教，
> 其教主李聃被奉爲李唐皇家的祖先，朝廷幾乎要把其奉爲國教，道
> 觀遍立全國，而摩尼教不過是「緣回鶻敬信」，迫於回鶻的勢力，勉
> 強爲其建立數量有限的若干寺院罷了。如是，對於唐代道家來說，
> 它何有可慕之勢，以至要加以依托呢？〔註5〕

在此，林悟殊藉由陳垣自己的立論反駁其說，筆者以爲相當合理。既然經文
非道教徒爲依托摩尼教而作，那是否爲摩尼教爲依托道教僞作呢？日人福井
康順以爲：

〔註4〕　陳垣：〈摩尼教入中國考〉，《國學季刊》一卷二期，頁216。

〔註5〕　林悟殊：〈老子化胡經與摩尼教〉，《世界宗教研究》第四期，（1984 年），頁
　　　　117～118。

在經文中有「摩尼之後，年垂五九，我法當盛」一句，據開元十九
年拂多誕奉詔譯的《摩尼光佛教法儀略》來解釋，年垂五九是四百
五十年，摩尼死於晉泰始二年（266），從此算起，經四百五十年是
開元四年（716），經文中的「我法當盛」即暗示此時。而「我法當
盛」及「三教混齊，同歸於我」的「我」，從經文中的上文「我乘自
然光明道氣……降誕王室……捨家入道，號未摩尼」來推測，當指
摩尼光佛。〔註6〕

據此，以為此段經文乃摩尼教依托道教之作。但對此說，林悟殊依然持反對
之言。他說：

這一說法更加令人難於置信，因為卷一除了上引一段經文與摩尼教
有關外，誠如陳垣先生所指出的「其它所言，皆不出道教範圍，摩
尼教旨絕無關係。」所言老子化摩尼之事，也是旨在頌老子。「三教
會齊，同歸於我」，從上下文看，此「我」明明指的是老子，而不是
福井康順所說的，係指「摩尼光佛」，也正因為不是指摩尼光佛，故
摩尼教師撰寫《儀略》時才不加引錄。而且我們很難設想開元時摩
尼教徒偽造《老子化胡經》的目的，因為《老子化胡經》所言過於
荒誕，經不起佛僧的駁難，連尊崇道教的李唐朝廷也認為過於拙劣，
不足為信，故于總章元年（668）和神龍元年（705）兩度禁毀之，
以後也未見解禁。如是，摩尼教徒何必自討朝廷的厭惡，借《化胡
經》之名來傳教呢？〔註7〕

林悟殊在連駁二說後，提出其看法：

既然《化胡經》並非摩尼教徒的偽作，也不是道教在摩尼教得意之
時添加進去的，這就說明《化胡經》的這段經文，原來並非為了宣
傳或依托摩尼教，而是像道教吸取他家材料一樣，只是為了增加自
己經典的分量，抬高自身的地位，以與佛教抗衡罷了。〔註8〕

筆者相當支持林悟殊先生的說法，但王見川先生卻又反駁林說曰：

福井康順認定《老子西昇化胡經》序一是摩尼教徒偽造的證據，固
然稍嫌薄弱但是林悟殊的批評也不見得正確。這可由二方面來反

〔註6〕 福井康順：《道教の基礎研究》，（日本：理想社，1952年），頁273～274。
〔註7〕 同註5，頁118。
〔註8〕 同註5，頁119。

駁，第一，《老子西昇化胡經》序一中所言老子（其實應是太上老君）化摩尼的言詞，並非如林悟殊所言旨旨頌揚老子，而是提高摩尼的身分。因為在經文中，佛陀是太上老君命令其弟子尹喜化身的，而孔丘則是太上老君的學生。唯獨摩尼是太上老君的化身，可見這一段經文旨在頌揚摩尼而非老子。第二，經文中所謂的「三教會齊，同歸於我」的「我」，指的對象並不是老子而是摩尼。因為經文中的「我」是承繼上文「我法當盛」的，而此「我法」是指老子化為末摩尼之法，只要看其下文是「西方聖象衣彩自然，來入中洲」一句即可知道我們的說法沒錯。若是「我法」指的是老子，就不需接「西方聖象」這一句話。而經文中「三教會齊」的「三教」並不是如學者們所說是指老、釋、摩尼，而是指老、釋、儒。從經文中依序提及老子，佛陀、孔丘、摩尼，就可以略窺其「三教」意義仍是傳統意義，所以「三教會齊，同歸於我」的意思應該是老（道），釋，儒三教會歸于摩尼（教）。這個解釋不僅能符合經文中「翻演後聖大明尊法」的記載，而且也符合摩尼教以自己宗教為世界教法最後的集大成者的看法。因此，這部經文確實是為摩尼教傳布鋪路的，其造作者應當是摩尼教僧侶。」〔註9〕

在引述諸家說法之後，可以發覺，各方爭論過程中有一焦點，就是經文中之「我法當盛」及「三教混齊，同歸於我」中的「我」是指誰？老子？摩尼光佛？而所謂的「三教」又是那三教？儒、釋、道？儒、釋、摩尼？在這些說法中，筆者仍然以為林悟殊所言當較為正確，其理由有四：

一、就王見川反駁林悟殊之第一點言，前節已提及《化胡經》中對誰作佛之記載，向有老子及尹喜二說，而本卷就恰巧同時存有二說，因此王見川先生之第一點駁論不能成立。

二、就王見川之第二點駁論言，本卷全文中之「我」皆指老子，此處自當不能例外，即令此經真是摩尼教徒所羼入，也不能不顧此行文體例，而於中途來個大轉折，否則明眼人一見即知為偽作，又有何用？徒費力氣罷了。

三、就整段文意言，筆者以為需注意到「我法當盛」、「同歸於我」此二

〔註9〕　王見川：《從摩尼教到明教》，（台北：新文豐，1992 年），頁 226～227。又王見川即因認為此經作者為摩尼教僧侶，而推斷此經造作年代在開元四年至十九年之間。

句話是出現在「摩尼之後」。所謂「摩尼之後」意即指摩尼逝世之後，摩尼乃老子之化身，故摩尼逝後老子自然又回復其原來之身分——老子（老君）。因此，此二句中之「我」字，的的確確是指老子。但需說明者為「我」雖然指老子，但「我法」並不是狹義的指道教之法，而是廣泛的指老子傳授之法——儒、釋、道、摩尼四教教法，而從「金氣將興」此話來看，特別是指摩尼教法。至於以下文字則是用來說明為何「我法當盛」。首先是「西方聖象、衣彩自然，來入中州是效」指出摩尼教由西方至中原朝聖、認祖歸宗。既然認了祖，歸了宗，自然就「黃白氣合」（按：黃指中原、道教，白指西方、摩尼教），故「黃白氣合」並不是福井康順所認為的「神仙黃白之術」，而是指道教與摩尼教之兩相結合，如此意思方能與下句之「三教混齊」連貫，此三教乃指傳統之儒、釋、道三教（摩尼教已包含在道教之中）同歸於我老子一人。此處，我是指老子，而非道教或摩尼教。因此，基於上述所說，王見川先生所持之論點皆難以成立。

　　四、在林悟殊先生之另一篇大作，述及《摩尼光佛教法儀略》之寫作背景時云：

> 為了證明摩尼教和道教的固有緣分，《儀略》的作者所引證的《化胡經》，當然不會是時人共知的新近增修本。相反的，必定是盡可能引用古老的版本。……其次我們進而可以肯定，《儀略》所引的摩尼教一段話，在六九四年之前便已入《化胡經》了。因為朝廷至遲在這一年，便通過拂多誕所獻的《二宗經》，知道波斯有摩尼之教，有二宗之話，如果在此之後，道士增修《化胡經》時還把這些附會到老子身上，那就不僅要貽笑世人，而且犯下欺君之罪了。〔註10〕

因此，為取信朝廷，摩尼教徒自不可能傻到引用自家偽造之《化胡經》來證明摩尼教及道教二者長遠之淵源，這也就可以證明林文所言確為正確中肯之說。

　　綜合上述四點，本段經文當是道教在摩尼教未盛行前吸收轉入《化胡經》中，用以顯示各教教法，無非老子所創，而道教一教正足以包羅天下所有宗教，其睥睨諸教之心態由此可知。至唐武后，摩尼教正式得政府允許傳教後，便藉攀附道教吸引教眾，甚至至宋朝，還藉此將摩尼教之經典混入道藏中，受政府保護。此二教關係簡言之，即雙方各取所需，相互利用罷了。

〔註10〕林悟殊：〈摩尼教入華年代質疑〉，《文史》十八輯（1983年3月），頁72。

第三節　卷十內容探究

　　本卷共由四部分組成：一為《老子化胡經玄歌》七首，二為《尹喜哀歎》五首，三為《太上皇老君哀歌》七首，四為《老君十六變詞》十八首。除《十六變詞》為七言外，其除皆為五言。四部分中，除《玄歌》明顯與化胡有關外，《尹喜哀歎》、《老君哀歌》內容純為叫人及早行善修道之勸世文，實與化胡無涉，而《十六變詞》除末尾幾首，內容亦無關化胡，此四類詩，風格各殊，當非出自一人之手。那何以將無關化胡之詩歌收入經文中？又為何所收錄者為《尹喜哀歎》及《老君哀歌》，而非其他？

　　筆者以為本卷原卷當有部分經文散佚，以至篇幅不全，後人遂以化胡之二主角——老子、尹喜——之勸世作品補入經中，以湊篇幅。北周甄鸞《笑道論》曾引《化胡經》曰：

> 《化胡經》云：願將優曇華，願燒栴檀香，供養千佛身，稽首禮定光。又云：佛生何以晚，泥洹何以早，不見釋迦文，心中大懊惱。
>
> 〔註11〕

鸞文所引，不見今本敦煌《化胡經》，故逯欽立先生以為：

> 《化胡經》前九卷皆文，卷十方列玄歌，知凡詩歌皆編經末，而上舉二詩，卷十中並無……今所見者仍為殘闕之本可知矣。〔註12〕

據此，可證明敦煌《化胡經玄歌》確有散佚，並非全本。但既然今本《玄歌》吸收了這些勸世詩，補其缺文，便不能因此文與化胡無關而忽視。以下則分項討論本卷之內容。

一、《化胡經玄歌》首數之分合

　　《化胡經玄歌》時人皆作七首，然審其文理，實應八首。其第七首玄歌云：

> 「我昔化胡時」，涉天靡不遙，牢天覆六合，艱難身盡嬰，胡人不識法，放火燒我身。……爾乃是至真，莫有生煞想，得道昇清天，未負即真信，喪子千金身。「我昔學道時」，登崖歷長松。盤屈幽谷裡，求覓仙聖公，食服泥洹散，漸得不死蹤，九重石室中，得見不死童。

〔註11〕 北周・甄鸞《笑道論》：〈道士奉佛〉條，《廣弘明集》卷九。

〔註12〕 逯欽立：〈跋老子化胡經玄歌〉，《國立中央圖書館館刊》復刊二號（1947年6月）。

> 身體絕華麗,二儀中无雙,遺我元氣藥,忽然天聖聰。

揣度此詩文意,當至「未負即眞信,喪子千金身」,即應結束。緊接其後的「我昔學道時,登崖歷長松」,雖與上文連抄而下,但實際上二者並無關聯,應分爲二首。逯欽立先生之《先秦漢魏晉南北朝詩》錄此卷玄歌,標題雖云「化胡歌七首」,但內文卻分爲八首,第八首即前引之「我昔學道時」詩,並未因二詩連抄,而合爲一詩。然逯欽立雖將第八首玄歌從第七首中分出,卻仍將此詩劃入《化胡經玄歌》中,筆者以爲尚待商榷。因從《玄歌》之行文體例觀之,七首中有六首分別以:「我往化胡時」、「我身西化時」、「我昔西化時」、「我昔化胡時」、「我昔離周時」、「我昔化胡時」爲起句,而第八首玄歌卻以「我昔學道時」爲起句,與上述《玄歌》之行文語氣全然不合,卻與下文之《尹喜哀歎》吻合。《哀歎》五首中有三首以「我昔學道時」、「昔往學道時」、「昔往學道時」爲首句,正與第八首玄歌相符合。此外,就內容言,此詩云:「我昔學道時……求覓仙聖公」,其說話語氣與老子大不相類。需知老子被尊爲道教教主,是故老子即道,道即老子,老子何需向外求道學仙?又此詩題名「化胡經玄歌」,卻無隻字片語及化胡之事,與詩題明顯不合。因,此詩若非尹喜也是其他求道之士所作,絕非老子。綜合上述數點,第八首玄歌當從《化胡經玄歌》中排除,歸入「尹喜哀歎」之中爲是。

二、彌勒信仰

《老君十六變詞》之第十三首云:

> 十三變之時,變形易體在罽賓,從天而下无根元,號作彌勒金剛身。

在有關老子化胡之相關記載中,老子雖歷代示現,或爲佛、或爲聖者師,但云老子爲彌勒,似乎僅見於此,因此需將此現象加以探討。

彌勒爲梵語之音譯,彌勒曾經由佛陀授記(預言)將在五十六億萬年後,繼釋迦成佛,仍號彌勒;以其具有未來佛之地位,故又稱「彌勒佛」。有關彌勒之信仰,約在西元四世紀時即已傳入我國,極盛於南北朝。彌勒信仰之基本內容,除了對彌勒佛之崇拜禮敬外,通常還帶有求生彌勒淨土之嚮往。所謂淨土乃相對於一般眾生所住之穢土而言,是諸佛菩薩所居之清淨莊嚴國土。由於南北朝征戰不斷,時局動盪不安,民心特別嚮往淨土,因此彌勒信仰盛極一時。於是道教有意無意間便加以吸收利用,思欲藉此增加本身之力量。此種情形就道教而言,並非罕見,如卷一記老子化身爲摩尼教之教主摩

尼即是一例。因此，此處云彌勒爲老子化身，一則可顯示道教之偉大尊貴，即連佛教之彌勒佛，亦是老子所化。二則彼時彌勒信仰者眾，此說既云老子爲彌勒，彌勒爲老子，則道教可藉此吸收彌勒信仰之眾多信徒，對於道教之推廣助益不少。

三、景教問題

《十六變詞》中第十一首云：

> 十一變之時，生在南方間浮地，造作天地作有爲。化生萬物由嬰兒，陰陽相對共相隨。眾生稟氣各自爲，番息眾多滿地池，生活自衛田桑靡，劫數減盡一時虧，洪水滔天到月支，選擇種民留伏義，思之念之立僧祇，唯有大聖共相知。

此詩值得注意者爲詩中對洪水的記載，羅香林先生曰：

> 按遠古曾遭洪水傳說，爲世界各民族所留遠古傳述之最普遍者。而其最著名者，則莫如中國之夏禹治水傳述，與基督教《舊約·經聖·創世紀》所載上帝降洪水以懲戒世人獨選義人挪亞一家，使先入方舟，得免災難之傳述。而此《變詞》所述「眾生稟氣各自爲，……劫數減盡一時虧，洪水滔天到月支，選擇種民留伏義」一段，則除挪亞一名易爲伏義外，其餘幾全似《創世紀》所載洪水懲罰之縮寫，而字裡行間，則與中國洪水傳述，全不相干，謂非曾受《創世紀》所載洪水傳述之影響，不可得也。意者，李唐自太宗時基督教最早東傳一支之景教大德阿羅本，於長安建寺傳授……道教中人或與景教徒有所來往，遂乃將《創世紀》洪水傳述，而混合於老子故事中乎。〔註13〕

此說頗值深究。據明朝天啓五年於西安出土之《大秦景教流行中國碑》云：

> 大秦國在上德曰阿羅本，占青雲而載眞經，望風律以馳艱險，貞觀九（疑脫年字）祀至於長安。〔註14〕

據此碑文，景教是於唐貞觀九年傳入中國的。但傳說在唐前基督教已曾數次傳入中國，據王治心先生之研究云：

〔註13〕羅香林：〈敦煌石室所發現《老子化胡經》試探〉，《珠海學報》第八期，（1975年9月），頁1。

〔註14〕唐·景淨：《大秦景教流行中國碑》，《大正藏》冊五十四，頁1289。

> 據《路德改教始末記》說，在第一世紀即主後三十四年，……那時
> 候便有基徒來到中國。又據《燕京開教略》所說：主後六十五年尼
> 祿殺基督徒，六十九年耶路撒冷被滅，基督徒逃難東來，正值佛教
> 輸入中國的時候，傳說關雲長曾信仰基督教。又據馬拉伯主教之《迦
> 勒底史》說：「天國福音，散遍各處，竟至中國，……中國人與埃及
> 阿拉伯人得信真理，皆出聖多馬之力。」……這許多說法，或者不
> 完全無因，但是沒有可靠的證據，也就只得付諸傳說之列。〔註15〕

因此，若上述傳說有任一則為事實，或本詩可考出作於太宗貞觀之後，則羅
香林先生之推測，實頗為可能。

　　另外，據日人佐伯好郎及羅香林先生之考證，唐代呂祖（即呂洞賓）一
派道士與景教實有重要關連。〔註16〕但由於呂祖之生年無法確定，因此呂派
道士雖有可能即是將景教教義混入本詩之之道士，卻無法證明。唯一可確定
者為，唐代之道教與景教應有關係，而此種關係當類似前文所述道教與摩尼
教、道教與彌勒信之關係，皆是吸收利用有益於己之教派教義，用以壯大自
己。

第四節　其他諸卷

　　本節探討卷二、卷八、《靈寶化胡經》、失題《化胡經》之內容。

一、卷二內容探究

　　本卷全部內容均是描述九十六種外道之特性及所屬眷屬。「九十六外道」
原係佛教名詞，謂印度有九十六種外道，其九十六之來源，據《薩婆多論》
云：

> 六師者，一師十五種教，以授弟子，為教各異，弟子受行，各成異
> 見，如是一師出十五種異見，師則有法，與弟子不同，師與弟子通
> 為十六種，如是六師有九十六種。〔註17〕

因此，九十六外道原意乃指六師及其徒眾，而道教襲用此名詞，並將其具體

〔註15〕王治心：《中國宗教思想史》，（台北：彙文堂出版社，1988），頁124～125。

〔註16〕參見羅香林：《唐元二代之景教》，（香港：中文學社，1966年）。

〔註17〕丁福保：《佛學大辭典》〈九十五種外道及九十六種外道〉條，（台北天華出版
　　　　公司，1984年），頁935。

化，明明白白羅列出來，凡不屬道教之人事，悉入外道，故佛教中之金剛、
羅漢、菩薩及專有用語皆被列入外道之林。此九十六外道在創作之初當有所
本，或有所指，但時至今日大部分已不可考，少數可考證出來之外道可略分
為二類：一類為佛教人物：如第六外道之賓頭盧（羅漢）、三十七外道之那羅
延（力士）、四十及四十八外道之睒摩及摩利支（菩薩）等等。一類為佛教專
有之名詞，如：无相、真諦、梵音、獅子王……。此二類外道或為當時一般
民眾所熟知之佛教人物及用詞，故為道教吸收並轉化成外道之形象，以打擊
佛教。本卷卷末老君說偈語以退外道，末二句曰：「臨兵鬥者，皆列陣前行。」
此二句偈語遠在晉朝的《抱朴子》已經援引，曰：

> 入山宜知六甲秘祝，祝曰：臨兵鬥者，皆陣列前行。〔註18〕

由此，推測本卷偈語當非《化胡經》作者自創，而是雜湊古來流傳之秘咒真
言而成，來源當是相當古老。

二、卷八內容探究

　　本卷內容全由老子及胡王的問答組成，文字較之他卷，略為艱澀，然細
觀全文，唯文末戒律部分尚值一論。本經提到之戒律共有三種：十八戒、三
戒、五戒。前二者不知所本為何，《雲笈七籤》卷三十九收有《化胡經十二戒》，
然其內容與本卷全然無關。〔註19〕後者，似取於佛教之五戒增飾而成，茲將
二者排比於下。佛教五戒云：

> 第一戒殺。（道則曰：慈悲萬物，不煞眾生，於諸含識，勿懷損害。）

〔註18〕晉・葛玄：《抱朴子・內篇》卷十七。
〔註19〕宋・張君房：《雲笈七籤》，（台北：自由出版社，1991），卷三十九，頁554。
　　　　其《化胡經十二戒》全文如下：化胡經十二戒
　　　　老君曰：戒之不飲酒，常當莫念醉，五聲味相和，混沌亂正氣。
　　　　戒之不食肉，心當莫念煞，含血有形類，元氣所養活。
　　　　戒之勿罵詈，言當禁咒舌，罵人為自罵，咒人為自殺。
　　　　戒之勿欺詐，言當有成契，欺人為自欺，華詞為負誓。
　　　　戒之勿為盜，見利當莫取，所利為贓罪，貪利更相害。
　　　　戒之勿淫泆，常當與色絕，陰形相感動，子命為夭折。
　　　　戒之勿慳悋，有物無過惜，富饒當施惠，慳貪後受厄。
　　　　戒之勿剛強，當可自屈折，強者必先摧，剛者必先缺。
　　　　戒之勿視聽，耳目當常閉，速視令精散，極聽神潰亂。
　　　　戒之勿言語，其口常當吸，語煩則費炁，多言則有失。
　　　　戒之勿恚怒，心懣當莫發，金木水火土，五行更相伐。
　　　　戒之勿淫祀，邪鬼能亂真，但當存正念，道氣自扶身。

第二戒淫。(道則曰:身心清淨,不起邪欲,於諸男女,莫生色想。)

第三戒盜。(道則曰:廣行施惠,救濟貧乏,於諸財寶,不生貪求。)

第四戒妄語。(道則曰:中平信實,不欺於物,於諸一切,生歸向心。)

第五戒酒。(道則曰:永斷酒肉,內外香芳,一切世間,尊卑不犯。)

推測二者內容如此相近之因,殆佛教戒律雖多,然廣爲人知者不外五戒十善,故爲本經吸取,轉化爲老子教胡之戒律。

三、失題《化胡經》探究

本卷首尾均殘,正文僅餘約六百字,此六百字全述老子歷代爲聖者師之經過。中國古籍早已有「聖人有師」之記載,如《韓詩外傳》卷五載哀公與子夏之問答曰:

> 哀公曰:「然則五帝有師乎?」子夏曰:「臣聞:黃帝學乎大墳,顓頊學乎綠圖,帝嚳學乎赤松子,堯學乎務成子拊,舜學乎尹壽,禹學乎西王國,湯學乎貸乎相,文王學乎錫疇子斯,武王學乎太公,周公學乎虢叔,仲尼學乎老聃。此十一聖人未遭此師,則功業不能著乎天下,名號不能傳乎後世也」。〔註20〕

劉向《新序》卷五亦載此文,文字大相同。又《白虎通》〈辟雍〉條曰:

> 傳曰:黃帝師力牧,帝顓頊師綠圖,帝嚳師赤松子,帝堯師務成子,帝舜師尹壽,禹師國先生,湯師伊尹,文王師呂望,武王師尚父,周公師虢叔,孔子師老聃。〔註21〕

又《荀子‧大略篇》亦云:

> 堯學於君疇,舜學於務成昭,禹學於西王國。〔註22〕

上述引文雖皆指出聖人有師輔佐以行教化,但並不認爲這些「聖者師」都是同一人所化現,故《化胡經》提出老子爲歷代聖者師之說是頗爲奇特的。雖然在東漢邊韶之《老子銘》可以看到此說之源頭(詳下章),但筆者以爲佛經之啓示,方是真正造成此說的原因。據佛經記載,佛陀在累劫修行中,或爲男、或爲女、或爲禽、或爲獸,既然佛陀可以此種方式在人間累世修行,那老子自然也能在人間歷代示現爲「聖者師」。而且,佛陀轉生人間是爲了修行,

〔註20〕漢‧韓嬰:《韓詩外傳》卷五。

〔註21〕漢‧班固:《白虎通德論》卷五。

〔註22〕《荀子》卷二十七〈大略篇〉。

老子示現人間卻是道行圓滿的倒駕慈航，輔佐聖人施行教化，普救一切眾生。相形之下，老子之境界又比佛高出許多。因此老子歷代爲聖者師之說法，在漢以前之典籍或許找不到根源，但若從宗教之爭強好勝及彰顯神跡之觀點來看，卻是可以理解的。

四、《靈寶化胡經》探究

本卷經名雖冠有「化胡」二字，但實際述及化胡事之比例不高，內容多爲老君講經說法，勸民及早修道行善之語。文中最值得注意者爲有關太平眞君信仰及種民之敘述，「種民」一詞卷十僅一處提及曰：「選擢種民留伏羲。」本經則二處，其文曰：

> 我今愍汝輩前身有福，得爲種民。

> 大劫將終，示化人民，勸作功德……過度惡世，得見太平，與眞君
> 相值。末劫之後，山河石壁，無有高下，香水洗身，然後眞君來下，
> 及彌勒眾聖，治化更生。……男子女人，勤脩功德……得見太平。

彌勒信仰，前節已有論述，不再贅言，此節將就「種民」及「太平眞君」二點來說明。「種民」一詞在道教起源甚早。《太平經鈔》畢部卷一已有「種民」之記載，其文云：

> 昔之天地與今天地，有始有終，同無異矣。初善後惡，中間興衰，一
> 成一敗，陽九百六，六九乃周，周則大壞，天地混齏，人物糜潰，惟
> 積善者免之，長爲種民。種民智識尚有差降，未同泆一，猶須師君，
> 君聖師明，教化不死，積煉成聖，故號種民，種民聖賢長生之類也。

> 後聖帝君……撰長生之方、寶經符圖、三古妙法，秘之玉丞、付以
> 神吏，……垂謨立典施之種民，不能行者，非種民也。

> 凡大小甲申之至也，除凶民，度善人，善人爲種民，凶民爲混齏，……
> 大道神人更遣眞仙上士出徑行化，委曲導之，勸上勵下，從者爲種
> 民，不從者沉沒，沉沒成混齏。〔註23〕

又《辯惑論》云：

> 東吳遭水仙之厄，西夷載鬼卒之名，閩藪留種民之穢。

> 又道姑、道男、寇女官、道父、道母、神君種民，此是合氣之後贈

物名也。〔註24〕

陳寅恪先生以為：

> 可知「種民」與「混齏」為對文，其以種為言者，蓋含有種姓之義，
> 如鳩摩羅什所譯《金剛經》中「善男子」「善女子」之名，……然則
> 種民之義，實可兼賅道德之善惡及階級之高下而言。吾國古代經典
> 中「君子」「小人」之解釋亦與此不異。〔註25〕

楊聯陞先生則一步提出：

> 種民應該是可以長生不死，可以長傳人種，或長作人種的代表，所
> 以稱為「種民」。……男女合氣與長為種民則不必有甚麼必然的關
> 係。〔註26〕

此二氏對「種民」之解釋頗有見地。至於「眞君種民」一詞，前引之《太平經
鈔》甲部即有提及，但眞正廣為人知，則約在南北朝對時。大約在六朝末成立
之《老君變化無極經》保留了當時民間對「眞君種民」的傳說，茲引錄如下：

> 老君變化易身形，出在胡中作眞經，……隨時轉運西漢中，木子為
> 姓諱口弓。……宜預防之過災殃，得見太平昇仙房。……爾乃太平
> 見眞君，有福過度為種人。……爾乃太平氣清公，眞君當出別人
> 容。……吾道清潔選種民，……不行三五七九生，那得過度見太
> 平。……莫貪財利色慾情，貞潔守節志當清，爾乃過渡見太平，太
> 平眞君復能明。〔註27〕

此經中所述之「木子為姓諱口弓」（李弘）乃漢末以來，流行民間之讖語。由
於漢末至六朝，中國境內擾攘不安，人心無所依傍，乃求之於宗教，久之，
遂有眞君李弘（即太上老君之應身）將下生救世，唯種民可以得渡之傳言產
生（按：彌勒信仰之產生背景與此類似，二者皆是民心嚮往淨土下之產物）。
故由漢末至六朝，以李弘之名起兵反抗朝廷者便有數起，〔註28〕至北魏寇謙

〔註24〕見玄光：《辯惑論》〈序〉及〈解廚纂門不仁之極〉條注，《弘明集》卷八。

〔註25〕陳寅恪：〈崔造與寇謙之〉，《陳寅恪先生論文集》，（台北：三人行出版社），
頁583。

〔註26〕楊聯陞：〈老君音誦誡經校釋〉，《中研院歷史語言研究所集刊》第二十八本，
（1956年12月），頁24。

〔註27〕《老君變化無極經》，《道藏》冊三一八。

〔註28〕據湯一介先生的考證，僅《晉書》一書所載，便有五起以李弘為名之亂，《宋
書》亦載有一起。《老君音誦誡經》亦云：「天下縱橫，反逆者眾，稱名李弘，
歲歲有之。」（見湯一介：《魏晉南北朝時期的道教》，（台北：東大 1988），頁

之，假借老君之名「清整道教，除去三張僞法」。〔註29〕其首要工作即爲將當時流傳民間之李弘下生、眞君應世、選擇種民等傳說，加以改造利用，企圖藉此將北魏建立成政教合一之權。《魏書·釋老志》云：

> 泰常八年十月戊戌，有牧土上師李譜文來臨嵩岳，云老君之玄孫。……作誥曰：「……《錄圖眞經》付汝奉持，輔佐北方泰平眞君，出天宮靜輪之法。……末劫垂及，其中行教甚難。……其中能修身煉藥，學長生之術，即爲眞君種民。……」眞君三年，謙之奏曰：「今陛下以眞君御事，建靜輪天宮之法，開古以來，未之有也，應登受符書，以彰聖德。」世祖從之。〔註30〕

根據《釋老志》之記載，可知寇謙之利用「太平眞君」之傳說，謂北魏太武帝即太平眞君之應世，他即奉老君之命「輔佐北方泰平眞君」，而太武帝亦從善如流的改年號爲「太平眞君」，並於三年「登受符書，以彰聖德」。如此，太武帝一方面爲人間之統治者，一方面又是道教之領袖——太平眞君，充分實現了寇謙之清整道教、建立政教合一之政權的理想。

從本經吸收太平眞君及彌勒二方信仰之情形判斷，首先，可推知本卷造作年代，當在此二方信仰流行之際。其次，從經文中描繪之樂土概況曰：

> 人民長大無有苦痛，五穀豐熟，一種三收，米長五寸，食之香美。
> 金銀財寶悉皆露形，亦無虎狼毒蟲，國土交通，人民歡樂，世之稀有。

可知當時人心厭戰，企盼太平，求生淨土之迫切心理。本經便藉著化胡之外衣，畫了一幅美景來吸引大眾，達到其「廣宣吾教」之目的。

226～229。）

〔註29〕《魏書》卷一一四〈釋老志〉。
〔註30〕同前註。

第四章 老子化胡說之論證考釋

第一節 化胡說之提出

　　老子化胡說之由來，最初乃本《史記》附會而成。《史記・老莊申韓列傳》云：

> 老子者，楚苦縣厲鄉曲仁里人，姓李氏，名耳，字伯陽，謚曰聃，周守藏室之史也。……老子脩道德，其學以自隱無名為務。居周久之，見周之衰，迺遂去。至關，關令尹喜曰：子將隱矣，彊為我著書。於是老子迺著書上下篇，言道德之意五千餘言而去，莫知其所終。〔註1〕

就因老子「去周」、「出關」、「莫知其所終」留予後人無限想像空間。故佛教傳入後，老子化胡成佛之說，於焉產生。

　　老子化胡說確切形成於何時，目前已難考證，惟最早見於史料記載者為《後漢書・襄楷傳》，其傳曰：

> 延熹九年（西元166年）楷自家詣闕上疏曰……臣前上琅邪宮崇受于吉神書，不合明聽，……又聞宮中立黃老浮屠之祠，此道清虛，貴尚無為，好生惡殺，省慾去奢。……或言老子入夷狄為浮屠，浮屠不三宿桑下，不欲久生恩愛，精之至也。天神遺以好女，浮屠曰：此但革囊盛血，遂不眄之，其守一如此，迺能成道。〔註2〕

〔註1〕《史記》卷六十三〈老莊申韓列傳〉。
〔註2〕《後漢書》卷三十〈襄楷傳〉。

襄楷疏中之「或言老子入夷狄爲浮屠」，即今日可見有關老子化胡說之最早記載。值得注意者爲何以要用「或言」二字，章懷太子注曰：「或聞言當時言也，老子西入夷狄始爲浮屠之化。」日本學者窪德忠以爲：

> 襄楷是……太平道干吉之弟子，倘若是他們自己提出的，上疏中不
> 會用「或言」之類說法。這樣說來，化胡說無疑早在公元一六六年
> 前後，就在不屬於太平道的人們中廣爲流傳了。〔註3〕

若據這段話追究下去，何謂「不屬於太平道的人們」？他們是那些人或團體？或者用另一種方式說：老子化胡說究竟是佛教或道教徒提出來的？

　　倘若以襄楷上書這年定爲化胡說之成立時代，並接受窪德忠之說法，則在當日社會環境下，有可能提出化胡說者只有五斗米道及佛教。五斗米道雖創於張陵（34～156），然展興旺則在其孫張魯之時，加上僻處四川一隅，與其時傳播範圍尚頗爲局限之佛教，當少有牽涉。因此，最有可能提出化胡說自爲佛教方面人士。原因之一乃襄楷爲平原隰陰人。據湯用彤考證漢代佛教分怖之地方如下：

楚王英：彭城等八城、臨淮二縣、丹陽涇縣

桓帝：雒陽

襄楷：平原濕陰人

笮融：丹陽、下邳、彭城、廣陵

陳惠：會稽

韓林：南陽

皮業：穎川

嚴浮調：臨淮人、雒陽

孟福：雒陽

張蓮：雒陽

牟子：蒼梧、交趾〔註4〕

　　上表中除雒陽一地，均在東南沿海一帶，襄楷身處其間，故其佛教知識及老子入夷狄之傳聞，當從此輩佛教人士輾轉得之。原因之二，蓋中土人民向持夷夏之分，尊夏卑夷，因此佛教初期在中國之傳播必遭到許多困難，唯一方法，便是儘可能協調配合固有之風俗民情、思想信仰等，因此在佛教極

〔註3〕 窪德忠：《道教史》，（上海：譯文出版社，1984），頁79～80。
〔註4〕 湯一介《漢魏兩晉南北朝佛教史》，（台北：駱駝，1987），頁82。

力想融入中國環境的過程中，教中自然有有心之士想到：老子出關不知所終，
而佛教恰遠從關外而來，若將二者結合，以「老子入夷狄為浮屠」之說辭向
國人宣教，則必收事半功倍之效。於是就在便於傳教之情形下產生了老子化
胡說。此說成立初期，佛道雙方倒也相安無事，但多年之後，二教勢力日漸
興盛，雙方歧見衝突遂而不斷發生。道教遂將此說改造渲染藉此貶低佛教，
併吞佛教，而佛教亦無法坐視教史教祖之被污衊篡改，終於引起後世無窮紛
爭。

　　此時期之化胡說，除襄楷上疏外，尚有邊韶之《老子銘》。此銘創作背景
為：漢桓帝於延熹八年（恰比襄楷的上書早一年）使中常侍管霸往苦縣祀老
子，並命陳相邊韶撰文，其文曰：

　　　老子姓李，字伯陽，楚相縣人也，……為周守藏室史，當幽王時，
　　　三川實震，以夏殷之季，陰陽之事，鑒喻時王。孔子以周靈王廿年
　　　生，到景王十年，年十有七，學禮於老聃，計其年紀，聃時以二百
　　　餘歲。聃然，老旄之貌也。……自羲農以來，為聖者作師。……延
　　　熹八年八月甲子，皇上……潛心黃軒，同符高宗，夢見老子，尊而
　　　祀之。〔註5〕

觀此銘文並無老子化胡之說，然證之現存《化胡經》，則知後世關於老子之傳
說及《化胡經》內容，多本於此，以下分別述之：

　　一、此銘文起首即稱「老子姓李、字伯陽，楚相縣人也」。蓋邊韶以老子
為周守藏史，即《史記‧周本記》之太史伯陽甫，古以甫為男子美稱，遂謂
老子字伯陽。老子字伯陽之說，始見於此。今本《史記》云老子字伯陽之文
殆緣此竄入。〔註6〕

　　二、銘文又謂老子「當幽王時，三川實震，以夏殷之季，陰陽之事，鑒
喻時王」。查《史記‧周本紀》曰：

　　　幽王二年，西州三川皆震，伯陽甫曰：「周將亡矣！」〔註7〕

據《史記》之載，因三川進諫者為伯陽甫而非老子。銘文作老子，不知因老
子先有伯陽之稱而與伯陽甫混，或因將伯陽甫事歸於老子，故老子有伯陽之
稱。敦煌《化胡經》據此說而云：

〔註5〕　洪邁：《隸釋》，卷三。
〔註6〕　參閱日人瀧川龜太郎：《史記會注考證》卷六十三，〈老莊申韓列傳〉。
〔註7〕　《史記》卷四〈周本紀〉。

> 穆王之時，我還中夏……又經八王二百餘載，幽深演之時，歲次辛
> 酉，三川震蕩，王者將亡，數遭百六，非人可制。

按：穆王至幽王，確經八王二百餘載，幽王二年歲次即爲辛酉，此乃《老子銘》爲後世《化胡經》所本之一。

　　三、銘文又曰：「皇上潛心黃軒，同符高宗，夢見老子」，此乃用《尙書》殷高宗武丁夢得傅說之典故，而後世遂據此謂老子生於武丁之時。如謝守灝《太上老君年譜要略》曰：

> 老君……至殷朝第十八王，陽甲庚申之歲……託胎於玄妙玉女天水
> 尹氏，已而孕歷八十一載，當殷二十二王武丁庚辰歲二月十五日，
> 降誕於亳。〔註8〕

今本敦煌《化胡經》亦曰：

> 是時太上老君以殷王湯甲（湯當陽字之誤）庚申之歲……入於玄妙
> 玉女口中，寄胎爲人，庚辰之歲二月十五日，誕生於亳。

此乃《老子銘》爲《化胡經》所本之二。

　　四、銘文又曰：「自羲農以來，世爲聖者作師。」而《三洞珠囊》卷九《老子爲帝師品》引《化胡經》云：

> 老子伏羲後生爲帝之師，號曰「究爽子」，……神農時出爲帝師，號
> 曰「大成子」，……祝融時出爲帝師，號曰「傳豫子」，……黃帝時
> 出爲帝師，號曰「廣成子」，……帝嚳時出爲帝師，號曰「綠圖子」，……
> 帝堯時出爲帝師，稱「務成子」，……帝舜時出爲帝師，稱「尹壽
> 子」，……夏王時出爲帝師，號曰「李子胥」……湯王時出爲帝師，
> 號曰「錫則子」……文王時出爲帝師，號曰「燮邑子」，……武王時
> 出爲帝師，號曰「郭叔子」，……幽王時出爲帝師，號曰「天老」。
> 〔註9〕

敦煌失題《化胡經》亦有類似記載（詳附錄）。此又足以證明《老子銘》爲《化胡經》所本。

　　根據上舉《後漢書‧襄楷傳》及邊韶《老子銘》可以證明老子化胡之說，在此之前已有流傳，尤其邊韶《老子銘》一文更是後來《化胡經》內容來源所本之重要依據。

〔註8〕　謝守灝：《太上老君年譜要略》，《道藏輯要》冊六，頁2402。
〔註9〕　唐‧王懸河：《三洞珠囊》卷九〈老子爲帝師品〉，《道藏》冊二八二，頁6～7。

第二節　兩晉以來之化胡說

　　東漢之老子化胡說，僅限於老子入夷狄爲浮屠，至三國，乃有老子化胡，或老子爲佛師之說。《三國志‧魏志》裴松之注引魚豢《魏略‧西戎傳》曰：

> 臨兒國《浮屠經》云：「其國王生浮屠，浮屠，太子也。父曰屑頭邪，母曰莫邪。浮屠身服色黃，髮青如青絲，乳青毛，蛉赤如銅。始莫邪夢白象而孕，及生，從母左脅出，生而有結，墮地能行七步。」此國在天竺城中。天竺又有神人名沙律，昔漢哀帝元壽元年，博士弟子景盧受大月氏王使伊存口受《浮屠經》，曰復立者其人也。《浮屠》所載臨蒲塞、桑門、伯聞、疏問、白疏閒、比丘、晨門，皆弟子號也。《浮屠》所載與中國老子經出入，蓋以爲老子西出關，過西域之天竺教胡。
> 浮屠弟子別號合有二十九，不能詳載，故略之如此。〔註10〕

魚豢，魏明帝時爲郎中，卒於晉武帝太康以後，《魏略》約爲魏末時所作。據此記載，則其含義不僅是東漢的「入夷狄爲浮屠」，且更進一步指出：老子遊行西域，以浮屠教化胡人，爲佛陀之師。含義比之前朝又寬廣許多。

　　至西晉，化胡說之最大推展，則爲《老子化胡經》之成立。西晉之前，容有《化胡經》或類似作品，但真正史有明載並流傳下來者，惟西晉王浮之《老子化胡經》，有關此經之成立背景及時代，已見前章，此處不再複述。

　　西晉除王浮之《化胡經》外，尚可注意者爲「徐甲」故事之加入化胡說。葛洪《神仙傳‧老子傳》曰：

> 老子有客徐甲，少賃於老子，約日雇百錢，計欠甲七百二十萬錢。甲見老子出關遊行，速索償，不可得，乃倩人作辭詣關令，以言老子。而爲作辭者，亦不知甲已隨老子二百餘年矣，唯計甲所得直之多，許以女嫁甲。甲見女美，尤喜，遂通辭於尹喜，得辭大驚，乃見老子。老子問曰：「汝久應死，吾昔賃汝，爲官卑家貧，無有使役，故以太玄清生符與汝，所以至今日，汝何以言吾？吾語汝到安息國，固當以黃金計直還汝，汝何以不能忍？」乃使甲張口向地，其太玄真符立出於地，丹書文字如新，甲成一聚枯骨矣。喜知老子神人，能復使甲生，乃爲甲叩頭請命，乞爲老子出錢還之，老子復以太玄符投之，甲立更生，喜即以錢二百萬與甲，遣之而去。〔註11〕

〔註10〕　《三國志》卷三十，〈魏書‧東夷志〉。
〔註11〕　葛洪：《神仙傳‧老子傳》，《道藏精華集》第五集之七，（台北：自由出版社），

此段記載雖只是老子出關前之一小段插曲，但由此可知化胡說從東漢之「入夷狄爲浮屠」至西晉徐甲故事之產生，化胡說已漸呈多樣化及豐富性，且有更多人注意到此經之存在，並爲之創作，以至後來又有「青羊肆」故事的產生。

正當化胡說隨著時間推移，漸次添入新內容時，佛教之勢力亦逐漸興盛，並開始起來反抗化胡說。佛教使用之策略爲以「化華說」來解釋「化胡說」，此說初期大意僅爲：佛陀深感中國之不開化，故遣三聖入中國教化云云。僅具雛形而無明確內容。至南北朝，此說竟成：老子實乃佛之弟子迦葉，奉佛之命前來教化中國，至周末，教化任務完成，遂出關返國覆命。故老子出關實因「化華」已成，功成身退，而非「化胡成佛」。有關初期「化華說」之記載，《佛說申日經》曰：

> 佛告阿難：我般涅槃千歲已後，經法且欲斷絕，月光童子當出於秦國作聖君，受我經法，興隆道化，秦土及諸邊國，鄯喜烏長、歸茲、疏勒、大宛、于闐及諸羌虜夷狄，皆當奉佛尊法，普作比丘，其有一切男子女人，聞《申日經》，前所作犯惡逆者，皆得除盡。〔註12〕

《佛說灌頂經》卷六云：

> 佛語阿難：「……閻浮界內有震旦國，我遣三聖在中化導，人民慈哀，禮義具足，上下相率，無逆忤者。」

又曰：

> 佛告阿難：「震旦國中又有小國，不識眞正，無有禮法；但知殺害，無有慈心，三聖教化遺言不著。至吾法沒千歲之後，三聖又過，法言衰薄，設聞道法，不肯信受，但相侵陵，諍于國土，欲滅三寶，使法不行。」〔註13〕

引文中之「大秦」、「震旦國」，皆指中國。「震旦」乃昔時印度人稱中國之名。所謂「我遣三聖在中化導」即指佛遣三弟子來教化中國，需注意者爲此時期之「三聖」並未指出爲那三人，直至南北朝方出現此三人之姓氏。

上述二經據考證，實譯經者僞作羼人，而非原經所有。〔註14〕但無論如何，至此之後，佛道二教各造其經，各圓其說，更競相將教主之生年往前推

頁44。
〔註12〕西晉・竺法護譯：《佛說申日經》，《大正藏》冊十四，頁819。
〔註13〕東晉・帛尸梨蜜多羅譯：《佛說灌頂塚墓因緣四方神咒經》卷六，《大正藏》冊二十一，頁512。
〔註14〕王維誠：〈老子化胡說考證〉，《國學季刊》四卷二期，頁179。

移數千數百年乃至無始之際，由此正式揭開佛道二教近千年的化胡之爭。

第三節　南北朝之化胡說

　　如前節所述，化胡說在晉末已形成「化胡」、「化華」二說，但佛道二教尚未有強烈對峙之勢，化華說也尚未成熟，但時至南北朝，中國深受異族侵陵，夷夏之分甚為鮮明，而老子化胡說遠在此前，便已涉入夷夏之爭，而此時二教各有其勢力，故夷夏之辯，遂成本期化胡說之特色。

　　本時期代表道教方面之言論有顧歡之《夷夏論》、道士假張融之名的《三破論》。所謂三破者謂佛教入國破國，入家破家，入身破身。但此二文皆已亡佚，今所見者，僅片斷保存於史籍及佛教經論引文中。茲節錄一二以見其說。顧歡《夷夏論》曰：

> 夫辯是非，宜據聖典。道經云：老子入關之天竺維衛國，國王夫人名曰「妙淨」。老子因其晝寢，乘日精入淨妙口中。後年四月八日夜半時，剖右腋而生，墜地即行七步，於是佛道興焉。……道則佛也，佛則道也，其聖則符，其跡則反，……其入不同，其為必異，各成其性，不易其事。是以端委搢紳，緒華之容；剪髮曠衣，群夷之服；擎跽罄折，候甸之恭；狐蹲狗踞，荒流之肅；棺殯槨葬，中夏之風；火焚水沈，西戎之俗；全形守禮，繼善之教、毀貌易性，絕惡之學，……今以中夏之性，效西戎之法……捨華效夷，義將安取？〔註15〕

顧歡之文，雖無言及老子化胡，但其意實偏祖道教，欲將佛教包入道教之中，故此論一出，駁者甚多，有：慧通《駁夷夏論》，僧愍《戎華論折夷夏論》、朱昭之《難夷夏論》……，其文皆見載於《弘明集》中，謹引述一二以觀其說。《戎華論》曰：

> 佛據萬神之宗，……唯有周皇邊霸，道心未興，是以如來使普賢威行西路，三賢并導東都，故經云：「大士迦葉者，老子其人也。故以詭教五千，翼匠周世，化緣既盡，迴歸天竺。」故有背關西引之邈，華人因之作《化胡經》也，致令寡見之眾，詠其華焉。〔註16〕

《戎華論》中言及《化胡經》為今日所知王浮作經以後，第一篇直引此經名

〔註15〕《南史》卷五十四〈顧歡傳〉。
〔註16〕梁・僧祐：《弘明集》卷七，頁351，（台北：新文豐出版公司，1986），頁351。

者。又《駁夷夏論》曰：

> 經云：「摩訶迦葉，彼稱老子，光淨童子，彼名仲尼。」將知老氏非
> 佛，其亦明矣。〔註17〕

上引二論皆貶老子爲佛之弟子，其所據之經殆爲《清淨法行經》。北周·釋道
安《二教論》曰：

> 《清淨法行經》云：佛遣三弟子震旦教化：儒童菩薩彼稱孔丘；光
> 淨菩薩彼稱顏淵；摩訶迦葉彼稱老子。〔註18〕

此經與前節所引，謂佛遣三聖化導震旦之說，顯然同出一源，不同者爲其說更
見完備，三聖不僅有名有姓，甚至連儒家之二聖也包括進去，其欲併吞中國儒
道二教之心，由此可知矣。《清淨法行經》今佚，然智昇《開元釋教錄》將此經
置於疑惑及僞妄錄中，故知此經乃佛教徒爲反對《化胡經》所僞作之經。

北魏孝明帝嘗召釋道門人，群集殿中論述佛老先後，實際上即辯論化胡
說之成立與否，此事據《廣弘明集》卷一〈元魏孝明召釋道門人論前後〉，經
過如下：

> 正光元年（西元250年）明帝加朝服，大赦天下。召佛道二宗門人殿
> 前齋訖，侍中劉騰宣敕：「請法師等與道士論議，以釋弟子疑網。」
> 時清通觀道士姜斌與融覺寺僧曇謨最對論。帝曰：「佛與老子同時
> 不？」斌曰：「老子西入化胡，佛時以充侍者，明是同時。」最曰：「何
> 以知之？」斌曰：「按《老子開天經》，是以得知。」最曰：「老子當
> 周何王幾年而生？周何王幾年西入？」斌曰：「當周定王即位三年（西
> 元前605年）……九月十四日夜子時生……至敬王元年（西元519
> 年）……年八十五，見周德凌遲，與散關令尹喜西入化胡，斯足明矣。」
> 最曰：「佛以周昭王二十四年（西元前1029年）四月八日生，穆王五
> 十三年（西元前949年）滅度。計入涅槃後經三百四十五年，始到定
> 王三年，老子方生，……」斌曰：「若佛生周昭之時，有何文記？」
> 最曰：《周書異記》、《漢法本內傳》，並有明文。」〔註19〕

此事所代表之意義爲：化胡之爭不僅不再限於佛道二集團中，且已上達天聽，

〔註17〕同前註，頁338。

〔註18〕見唐·釋道宣《廣弘明集》卷八，頁99，（台北：新文豐出版公司，1986），
頁99。

〔註19〕同前註，卷一，頁20。

得到執政者之重視，雙方皆欲藉政治之力量打擊對方，此點可由後來的三武之禍，及歷代對《化胡經》之禁斷得到證明。

北周武帝元和四年，再次召集佛道二教徒眾，論述三教先後，結果議定以儒爲先，佛教爲後，道教最上。佛教徒對此自然不滿，因此司隸大夫甄鸞奉勒令詳佛道二教，定其先後。次年，甄鸞上《笑道論》三卷，鸞意偏祖佛教，故用「聞道大笑」之語爲名，其論俱載《廣弘明集》，今不贅引，但可注意者爲：其所引之《化胡經》部分已遭佛教徒篡改，並非原貌。如〈張騫取經〉條云：

> 《化胡經》曰：迦葉菩薩云：「如來滅後五百年，吾來東遊，以道授韓平子，白日升天。又二百年以授張陵，又二百年以道授建平子……。」〔註20〕

〈老子作佛〉條云：

> 《化胡經》云：「老子化罽賓，一切奉佛，老曰：『卻後百年，兜率天上更有眞佛託生舍衛白淨王宮，吾於爾時，亦遣尹喜下生從佛，號曰：「阿難」，造十二部經。』老子去後百年，舍衛國王果生太子，六年苦行成道號佛，字釋迦文，四十九年欲入涅槃，老子復見於世，號『迦葉』……」。〔註21〕

〈道士奉佛〉條云：

> 《化胡經》云：「天下大術，佛術第一。」〔註22〕

由此可知，老子化胡說發展至此，不僅是雙方各自僞造本教經典以證其說，甚至更進一步，將對方經典加以篡改僞作，以求符合已方之利益要求。」〔註23〕

第四節　隋唐之化胡說

隋代之化胡說，今所知甚少。道宣《續高僧傳》卷二《彥琮傳》曰：

〔註20〕同前註，卷九，頁113。
〔註21〕同前註，卷九，頁115。
〔註22〕同前註，卷九，頁121。
〔註23〕除《化胡經》外，道教之另一重要經典《西昇經》亦遭改篡，觀其改文，明顯是針對「化胡說」而來。趙希弁《郡齋讀書志後志》載《西昇經》共有四種不同的版本：第一種曰：「此經其首稱老君西昇，聞道竺乾，有古先生，是以就道，說者以古先生佛也。」第二種曰：「以聞道竺乾爲經道竺乾，以古先生爲老子自謂。」第三種曰：「謂竺乾古先生非釋氏之號云。」第四種曰：「古先生者，吾之師也，化乎竺乾，作吾之身也，化胡竺乾云。」由此可見道經被佛教徒篡改者不少。

開皇三年，隋高祖幸道壇，見畫老子化胡像，大生怪異，敕集諸沙
門道士共論其本。〔註24〕

又法琳《辯正論》卷五陳子良注曰：

隋僕射楊素，從駕至竹宮，經過樓觀，見老廟壁上，畫作老子化罽
賓國、廣人剃髮出家之狀，問道士曰：「道若大佛，老子化胡應爲道
士，何故乃爲沙門？將知佛力大能化得胡，道力小不能化胡，此是
佛化胡，何關道化胡？」于時道士無言以對也。〔註25〕

上引二文或指同事。按：對於高祖之詰難，道徒其實早已有其說詞云：「胡
人麤獷，欲斷其惡種，故令（其爲沙門）男不娶妻，女不嫁夫，一國伏法，
自然滅盡。」〔註26〕彼時道士或懼於高祖之威勢而不敢出言以對，然從此
可知隋代道觀已將老子化胡事畫於壁上，以彰其勢，推想彼時化胡說當頗流
行。

又隋法經撰之《眾經目錄》中載《正化內外經》二卷，（《開元釋教錄》
作一卷），於其下注曰：「一名《老子化胡經》，傳錄云：晉時祭酒王浮作。」
〔註27〕此經自爲佛教徒改作，由其經名及卷數推斷，內容殆記迦葉化身老子，
化遊中國，開化胡人之事，上下二卷分別載其化內、化外之蹟。《太上混元老
子始略》引尹文操語曰：「老子者，即道之身也。跡有內外不同，由能應之身
或異也。」〔註28〕此語殆書名之由來。此時距北周不過數十年，前述甄鸞所
引遭改作之《化胡經》，殆即此書或此書之祖本。

至唐代以道教爲國教，王公貴族皆樂與道士交遊，然化胡之爭在唐代數
起，道教並未因此獲得偏祖。唐高祖武德四年太史傅奕上廢佛法事十一條曰：
「請胡佛邪教、退還天竺，凡是沙門、放歸桑梓。」〔註29〕彼時佛徒激憤，
釋法琳遂於武德五年上《破邪論》二卷，以駁傅奕之說。武德九年，又上《辯
正論》八卷，駁道士李仲卿之《十異九迷論》及劉進喜之《顯正論》。法琳二
論多涉老子化胡之事，如：

《老子西昇經》云：吾師化遊天竺，善入泥洹。《符子》曰：老氏之

〔註24〕唐・釋道宣：《續高僧傳》卷二，《大正藏》冊五十，頁436。
〔註25〕唐・法琳：《辯正論》卷五，《大正藏》冊五十二，頁520。
〔註26〕見《弘明集》卷八《滅惑論》引《三破論》文。
〔註27〕隋・法經：《眾經目錄》卷二，《大正藏》冊五十五，頁127。
〔註28〕法琳：《破邪論》卷上引，《大正藏》冊五十二，頁475～476。
〔註29〕《太上混元老子史略》，《道藏》冊二○○。

師名釋迦文。〔註30〕

《老子昇玄經》云：天尊告道陵，使往東方詣佛受法。……《化胡
經》云：「願採優曇花，願燒栴檀香，供養千佛身，稽首禮定先。」
又云：「佛生何以晚，泥洹一何早，不見釋迦文，心中常懊惱。」……
《老子大權菩薩經》云：「老子是迦葉菩薩化遊震旦。」〔註31〕

《化胡經》云：「老子知佛欲入涅槃，復迴在世，號曰「迦葉」，於
娑婆林爲眾發問。……」《關令傳》云：「老子曰：『吾師號佛覺。……』」
案：《佛說空寂問經》及《天地經》皆云：「吾令迦葉在彼爲老子，
號無上道，儒童在彼號曰孔丘，漸漸教化，令其孝順。」〔註32〕

此二論內容與前朝如出一轍，皆引僞作之佛經或遭改作之道經，作爲立論之
基礎，實質內容上了無新意。高宗顯慶五年召僧靜泰及道士李榮論化胡之事，
據道宣《集古今佛道論衡》曰：

顯慶五年八月十八日，敕召僧靜泰，道士李榮在洛宮中，帝問僧曰：
「《老子化胡經》述化胡事，其事如何？」……聖旨問道士《化胡經》
云：「老子化胡爲佛，此事如何？」靜泰奏言：「……據《晉代雜錄》
及裴子野《高僧傳》，皆云道士王浮與沙門帛祖對論每屈，浮遂取《漢
書西域傳》擬爲《化胡經》。《搜神記》、《幽明錄》等亦云王浮造僞
之過。」道士李榮云：「……榮據《化胡經》云：『老子化胡爲佛。』
又《老子序》云：『西適流沙。』此即化胡之事顯矣。」靜泰奏言：
「李榮重引《化胡經》，靜泰後已指僞，縱令此經實錄，由須歸佛大
師。《化胡經》云：『老子云：「我師釋迦文，善入於泥洹。」』又榮引
《老子經序》竟無西邁流沙之論，但云尹喜謂老子曰：「將隱乎？」
據榮對詔不實，請付嚴科。』」〔註33〕

此次對論，雙方各據已方之《化胡經》來爭辯，結果自然是各是其是，各非
其非，毫無結果。

武后時，皇室易姓，兼武后曾出家爲尼，故朝廷已不必特尊道教，於是
有僧慧澄上書，請毀《化胡經》，《新唐書・藝文志》神仙家類載《議化胡經

〔註30〕隋・法經：《眾經目錄》卷二，《大正藏》冊五十五，頁477。
〔註31〕同前註。
〔註32〕同註25，頁524。
〔註33〕唐・道宣：《集古今佛道論衡》卷丁，《大正藏》冊五十二，頁391。

狀》一卷，其下注曰：

> 萬歲通天元年，僧惠澄上乞毀《老子化胡經》，敕秋官侍郎劉知璿等議狀。」〔註34〕

此議狀共由八人寫成，除員半千一人《唐書》有傳，餘均不可考，此書今佚，但宋‧謝守灝《混元聖紀》卷八，尚略存其文，茲引述一二以見其說。

> 太中大夫守秋官侍郎上柱國劉如璿議曰：「李釋元同，未始有異，法身道體，應現無方，降跡誕靈，各行其化，……謹按《後漢書》云：『老子入夷狄爲浮屠之化。』《高士傳》曰：『老子化戎俗爲浮屠。』《皇朝實錄》云：『於闐國西五百里有毗摩伽藍，是老子化胡之所建。』……歷考經典，煥乎可囑，則知化胡是實，爲經不虛……聖人設教，應物施行，況復中人。上士性分有殊，道佛二門，隨性開化，洪通兩教，不亦宜乎！」

> 弘文館學士賜紫金魚袋員半千議曰：「謹按范蔚宗《後漢裴楷傳》、《魏略西戎傳》兼《北史西域傳》及周隋等十餘家書傳，並云老子西入流沙，皆稱化胡。」〔註35〕

據《混元聖記》所載此事之結果爲：

> 萬歲通天元年六月十五日敕旨：老君化胡，典誥攸著，豈容僧輩妄請削除；……倘若史籍無據，俗官何忍虛承，明知化胡是眞非謬。

〔註36〕

神龍元年，武后死，中宗復位，同年詔僧道議《化胡經》，結果道徒失敗，《化胡經》敕令禁毀，此事詳載宋贊寧《高僧傳》卷十七〈釋法明傳〉：

> 釋法明……中宗朝入長安遊訪諸高達，適遇詔僧道定奪《化胡成佛經》眞僞，……明初不預選出擅美，問道流曰：「老子化胡成佛，老子爲作漢語化？爲作胡語化？若漢語化胡，胡即不解，若胡語化，此經到此土便須翻譯，未審此經是何年月？何朝代？何人誦胡語？何人筆受？」時道流絕救無對。……其年九月十四日下敕曰：「仰所在官吏，廢此僞經，刻石於洛京白馬寺，以示將來。」敕曰：「……如聞天下諸道觀皆畫化胡成佛變相，僧寺亦畫玄元之形，兩教尊容二俱不可。

〔註34〕《新唐書》卷五十九〈藝文志〉。
〔註35〕宋‧謝守灝《混元聖記》，《道藏輯要》冊六，頁 2496。
〔註36〕同前註。

制到後，限十日內並須除毀，若故留仰，當處官吏科違敕罪，其《化
胡經》累朝明敕禁斷。近知在外仍頗流行，自今後其諸部《化胡經》
及諸記錄，有化胡事，並宜除削，若有蓄者準敕科罪。」〔註37〕

此次之失敗，道徒引爲奇恥大辱，對法明之問難更是耿耿於懷，苦思回應之
道，最後終提出下說：

至人通玄究微，應諸天諸地異域方言，以至異類音聲，莫不洞解。
故與胡王問答，皆隨其國之方言而與之言，當時隨侍眾眞即以正音
紀錄之，還傳中夏，後人目曰《化胡經》也。猶齊人能爲楚人言者，
遇楚人則操南音與之言，及其紀之於冊，則必用齊語矣，事出一人
之手，不待翻譯也。〔註38〕

中宗之後爲玄宗，爲唐代中最尊崇道教之皇帝，不僅親註《道德經》，令學者
習之，又將《史記・老子傳》移居列傳第一，此皆足見玄宗之崇老也。

玄宗之後，佛道對化胡之爭亦偶有所聞，今不詳述。可注意者爲日人籐
原佐世於唐昭宗年間所撰之《日本國見在書目》載有《老子化胡經》十卷，
由此可知唐代《化胡經》已東傳日本，足證其流傳之廣。

第五節　宋元之化胡說

宋代之化胡說一如前朝，了無新意，雙方依舊憑據對已有利之經典相互
論爭，故不贅言。然尚有其他值得注意者：一爲《老子化胡經》之收入《道
藏》。二爲摩尼教藉《化胡經》將其經典混入《道藏》，以獲政府保護。關於
前者，《續資治通鑑長編》云：

樞密使王欽若上新校道藏經，賜目錄名《寶文統錄》……又選道士
十人校定道藏經……初詔取道釋藏經互相毀訾者，皆刪去之。欽若
言：「《老子化胡經》乃古聖遺跡，不可削去。」〔註39〕

由此可知宋《道藏》收有《老子化胡經》。至於後者，摩尼教自唐會昌法難之
後，屢遭迫害，其中又經毋乙之亂，益爲當朝所忌，故至宋大中祥符年間，
遂賂《道藏》之主其事者，使納其書，欲依托道教以自固也。其所憑藉之踏

〔註37〕宋・贊寧：《高僧傳》卷十七，《大正藏》冊五十，頁813。
〔註38〕同註35。
〔註39〕宋・李燾：《續資治通鑑長編》卷八十六。

板即《老子化胡經》，敦煌《化胡經》卷一曰：

> 後經四百五十餘年我乘自然光明道氣，從眞寂境飛入西那玉界蘇鄰
> 國中，降誕王室，示爲太子，捨家入道，號「末摩尼」，轉大法輪，
> 説經誡律定慧等法，乃至三際及二宗門，教化天人，令知本際。

由於《化胡經》在宋朝爲欽定之合法道經，故文中老子化身摩尼之說自然被
視爲眞實之言，由此摩尼教被視爲道教之一個支派而受到保護，其經典亦因
此混入《道藏》。

以下略述宋代典籍對《老子化胡經》之記載。鄭樵《通志‧藝文略》載
《老子化胡經》十卷及《議化胡經狀》一卷。〔註40〕《郡齋讀書志後志》亦
載《老子化胡經》十卷，並記曰：

> 右，魏明帝爲之序，經言老子歸崑崙化胡，次授罽賓，後及天竺。
> 按裴松之《三國志》注言：「世稱老子西入流沙化胡成佛」，其說蓋
> 起於此。《議化胡經八狀》附于後。《唐志》云：萬歲通天元年，僧
> 惠澄上言，乞毀《老子化胡經》，秋官侍郎劉如璿等議狀，證其非偽，
> 此是也。〔註41〕

按：《通志‧藝文略》所載《化胡經》及《議化胡經狀》尚分爲二，《郡齋讀
書志後志》則言《議狀》附《化胡經》後，可知當時已有將二者合爲一書者。
又《佛祖統紀》卷三十六述《化胡經》曰：

> 其文本一卷，其徒增爲十一卷。第一卷說罽賓胡王，第二卷俱薩羅
> 國降伏外道，第三卷化維衛胡王，第四卷化罽賓王兄弟七人，第五
> 卷化胡王，經十二年。皆偷竊佛語，妄自安置。〔註42〕

《佛祖統紀》所載《化胡經》較前二書多一卷，殆係與《議化胡經狀》合計
之故也。

至元朝，老子化胡說可注意者有二：一爲《八十一化圖》之刊佈流傳，
二爲《化胡經》及有關諸書慘遭焚毀禁斷之命運。前者，可溯及長春子丘處
機之西遊。元初，成吉斯汗遣使召丘處機，甚加禮遇，其詔有「老氏西行，
或化胡成道」之言，〔註43〕以此打動長春西往之心，而觀其徒所著之《長春

〔註40〕宋‧鄭樵：《通志》卷六十七。
〔註41〕宋‧趙希弁：《郡齋讀書志後志》卷二，（商務印書館，人人文庫特五五○號），
頁878。
〔註42〕宋‧志磐：《佛祖統紀》卷三十八，《大正藏》第四十九冊，頁340。
〔註43〕見王國維：《長春眞人西遊記注》附錄，（商務印書館，人人文庫），頁139。

真人西遊記》，長春之西行似亦懷抱師法老子化胡之意。此後，道教頗受皇室尊崇，長春死後「其徒頗流通《化胡經》，且別撰《太上八十一化圖》刻板流佈。此書作者爲令狐璋及史志經，《辯僞錄》卷一云：

> 令狐璋首編妄說，史志經又廣邪文，效如來八十二龕，集老子八十一化。

〔註44〕而今存杭州本《太上八十一化圖》則有：

> 薄關清安居士令狐璋編修，太華山雲臺觀通微道人史志引經全解。

〔註45〕

此書依《道德經》河上公注之分章，依次附上八十一化圖〔見附圖〕，內容則依時間先後，述老子之生平來歷及示現神蹟，第一化爲「起無始」，第八十一化爲「起祥光」，中間從二十一化「過函關」至四十五化「弘釋教」皆述老子化胡之蹟。《八十一化圖》所載與今日所見《化胡經》內容不甚相同，茲略引一二。第二十八化「化王子」曰：

> 罽賓王子七人，將侍從至太上會所拜曰：「我生邊境，幸遇聖人，乞教存安之道。」太上曰：「宜修三順六微之要，內保乎己，外以成和。」王子等頓首奉行。〔註46〕

第三十九化「留神缽」云：

> 太上老君告諸喪門：「吾有神缽，常得法味，使神氣和平、命飛天神人，以缽置空中，爲其守護。此缽名多羅，號三滿多，清靜者能觀，輕慢者不見。」〔註47〕

第四十二化「入摩竭」云：

> 太上老君入摩竭國，現希有相，手執空壺，以化其王，立浮屠教，名清靜佛，號末摩尼，令彼刹利婆羅門等奉行。〔註48〕

元代對《化胡經》之禁焚始於憲宗八年，導火線爲《八十一化圖》。《辯僞錄》卷五載《聖旨焚毀諸路僞道藏之碑》曰：

> 昔在憲宗皇帝朝，道家者流出一書曰《老君化胡成佛經》及《八十一化圖》，鏤板本傳四方，其言淺陋誕妄，意在輕蔑釋教而自重其教，

〔註44〕元・祥邁《辯僞錄》卷一，《大正藏》冊五十二，頁752。
〔註45〕見吉岡義豐《道教と佛教第一》第六章《宋元時代にずける老子變化思想の歸結》，（國書刊行會），頁185。
〔註46〕同前註，頁219。
〔註47〕同前註，頁226。
〔註48〕同前註，頁227。

> 罽賓大師蘭麻總統少林福裕，以其事奏聞，時上居潛邸，憲宗有旨，
> 令僧道二家詣上辯析，二家自約：「道勝則僧冠首而爲道，僧勝則道
> 削髮而爲僧。」……帝師又問：「汝《史記》有化胡之說否？」曰：
> 「無。」「然則老子所傳何經？」曰：「道德經。」「此外更有何經？」
> 曰：「無。」帝師曰：《道德經》中有化胡事否？」曰：「無。」帝
> 師曰：「《史記》中既無，《道德經》中又不載，其爲僞妄明矣。」道
> 者辭屈……上命如約行罰，遣使臣脫歡將樊志應等十有七人，詣龍
> 光寺削髮爲僧，焚僞經四十五部，天下佛寺爲道流所據者二百三十
> 七區，至是悉命歸之。〔註49〕

又據《辯僞錄》載，憲宗五年曾先令僧道對詰《八十一化圖》，然尚無焚經之
事。〔註50〕至憲宗八年方有焚經之舉。至世祖至元十八年九月，焚經之事又
起。《辯僞錄》卷五云：

> 十八年九月，都功德使司脫因小演赤奏言：「往年所焚道家僞經，板
> 本化圖，多隱匿未毀，其《道藏》諸書，類皆詆毀釋教，剽竊佛語，
> 宜皆甄別。」於是上命……考證眞僞，翻閱兼旬，雖卷帙數千，究
> 其本末，惟《道德》二篇爲老子所著，餘悉漢張道陵、後魏寇謙之、
> 唐吳筠、杜光庭、宋王欽若輩，撰造演說，鑿空架虛，罔有根據，
> 詆毀釋教，以妄自尊崇……自《道德經》外，宜悉焚毀去。……遂
> 詔諭天下：「道家諸經可留《道德》二篇，其餘文字及板本畫圖，一
> 切焚毀，隱匿者罪之。」……乃以十月壬子集百官於憫忠寺，焚道
> 藏僞經雜書，遣使諸路俾遵行之。〔註51〕

綜合上述，元代化胡之爭自憲宗五年至世祖至元十八年，前後延宕二十餘年，
其間道教飽受摧殘。道教失敗之因雖多，然主要因素卻仍在「夷夏之分」。前節
曾提及，化胡說之產生，基本上乃由於中土人民「尊夏卑夷」之心理所致，故
在南北朝曾衍爲種族之爭——漢人當尊道教，胡人方崇釋教。如後趙石虎在位
時，著作郎王度就曾上書云：「佛是外國之神，非天子諸華所可宜奉。」石虎則
答曰：「朕生自邊壤，……應兼從本俗，佛是戎神，正所應奉。」〔註52〕今元人

〔註49〕同註44，頁776。
〔註50〕同註44，頁775～771。
〔註51〕同註44，頁776～777。
〔註52〕梁・慧皎：《高僧傳》卷九，《大正藏》冊五十，頁385。

以一異族入主中國，在先天上便對漢民族之本土宗教有所顧忌及排斥，加上佛教人士之巧妙利用，將化胡說轉化爲道士對國家之不敬，〔註53〕激起元室同仇敵愾之心，如此，道教豈有不敗之理？而《化胡經》及相關作品遭此難後，幾乎全數亡佚。此後，化胡說少有人提及，於是就在元朝結束了千餘年來佛道二教的化胡之爭。

第六節　餘　音

　　《化胡經》經元代焚毀，幾近失傳，明朝先後刊刻之幾部道藏，皆無《化胡經》，然查之私人書目及類書，偶見記載徵引，殆民間仍有倖存之本。〔註54〕至於化胡之爭或因《化胡經》的失傳而未有所聞。清俞正燮曾撰《道笑論》以回應甄鸞之《笑道論》，然已無足輕重，佛道雙方對此皆未有所回應。民國十九年，奉天太清宮刊印《太上繪圖八十一化河上公註》一書，唯數量不多，私人或有藏者，公家機構則未見此書。台中某鸞堂善書謂太上道祖云：

> 吾化爲老子傳道化人，騎青牛過涵（函）谷關，傳《道德經》五千言子關令伊（尹）喜，而西化胡王，即現在之印度國，故印度人視牛爲「聖牛」乃緣於此因，而此神化過程，世人鮮有知之。〔註55〕

此篇鸞文引印人崇拜聖牛之習俗來印證老子化胡之不虛，此之歷朝化胡說高明許多。又今人馬合陽（炳文）撰《太上道祖——老子》一書，亦載老子西遊化胡事，然已無老子（尹喜）成佛之敘述，老子化胡成佛之說，終成歷史陳蹟。

〔註53〕如少林福裕謂：「道士欺負國家，敢爲不軌」，詳邁謂道士：「蔑視國家，欺以朔方之居，肆其臆之辯」（見《辯偽錄》卷一、卷三，頁752、768。）
〔註54〕如明朝朱陸樨《萬卷堂書目》，即載有《八十一化圖說》四卷。
〔註55〕見《天堂遊記》第五回，台中聖德雜誌社出版。

附圖一　杭州本《太上八十一化圖》

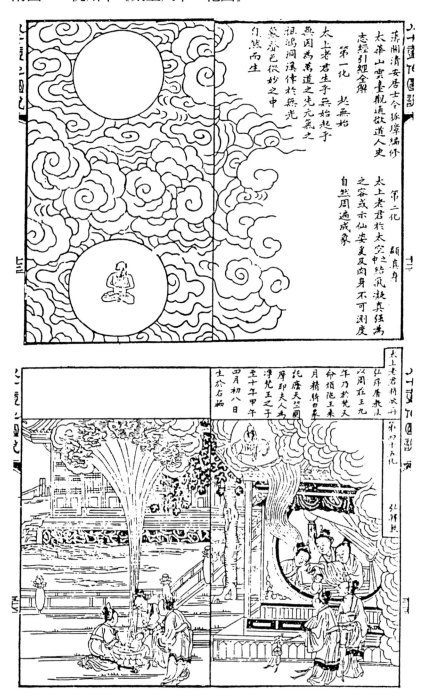

附圖二　太清宮本《太上八十一化圖》

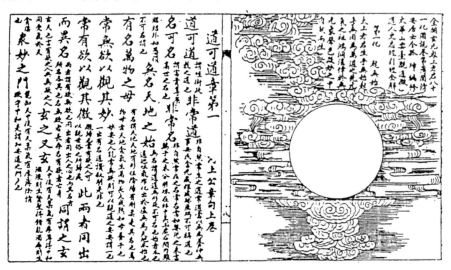

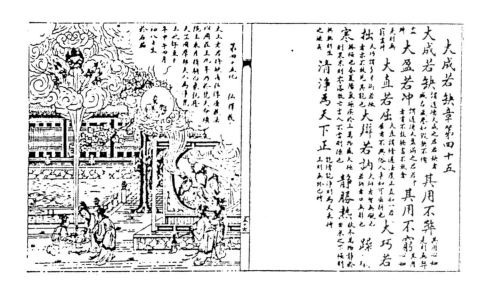

第五章　《老子化胡經》及相關作品研究

第一節　歷代之《老子化胡經》

　　《老子化胡經》自西晉登上歷史舞台後，便一直以不同面貌出現各朝代。據日人福井康順研究，僅就典籍所提到之《化胡經》便有八種，〔註1〕而湮沒無聞者則不知凡幾。以下參考福氏之說及筆者己意，引錄古文介紹此八類《化胡經》。

一、王浮《化胡經》

《北山錄》云：

> 是以道則有《化胡經》。（注曰：晉時王浮道士所撰一卷，後漸添成十一卷。）〔註2〕

《辯正論》云：

> 道士王浮每與沙門帛遠抗論，王浮屢屈焉，遂改《西域傳》爲《化胡經》。〔註3〕

《護法論》云：

> 晉惠帝時，王浮僞作《化胡經》。〔註4〕

〔註1〕　參見福井康順，《道教の基礎研究》第三章，〈老子化胡經〉，日本：理想社，1952年，暨福井康順〈老子化胡經の諸相〉，《支那佛教史學》一卷三期，頁24～46，1937年二卷一期，頁73～106，1938年。

〔註2〕　唐・神清，《北山錄》卷二，《大正藏》冊五十二，頁583。

〔註3〕　唐・法琳，《辯正論》卷五，《大正藏》冊五十二，頁522。

〔註4〕　宋・張商英，《護法論》，《大正藏》冊五十二，頁645。

按：王浮《化胡經》爲目前可考最早之《化胡經》。

二、《正化內外經》

隋《眾經目錄》載《正化內外經》二卷，並於此下注云：一名《老子化胡經》，傳錄云晉時祭酒王浮作。〔註5〕又唐智昇《開元釋教錄》亦錄此書，但作一卷。〔註6〕按：由經名推測，此經殆爲遭佛教徒篡改之《化胡經》，與前引之王浮《化胡經》，不同。

三、敦煌《化胡經》

敦煌《化胡經》乃清末由敦煌石室發現，今知共有七卷，此經之經題、內容、年代請參閱第一章及附錄，此處不再贅言。

四、《老子化胡經》十卷

鄭樵《通志・藝文略》及《日本國見在書目》皆錄有《老子化胡經》十卷，並附說明於後，其文曰：

> 右，魏明帝爲之序，經言老子歸崑崙化胡，次授罽賓，後及天竺。
> 按裴松之《三國志》注言：「世稱老子西入流沙化胡成佛」，其說蓋起於此。《議化胡經八狀》附于後。《唐志》云：萬歲通天元年，僧惠澄上言，乞毀《老子化胡經》，秋官侍郎劉如璿等議狀，證其非偽，此是也。〔註7〕

按：敦煌《化胡經》七卷中，有五卷題有「卷一」、「卷二」、「卷八」、「卷十」，恰與此處所云「十卷」相同，二者或即同本，或有傳承淵源上之關係。

五、《化胡成佛經》

《宋高僧傳》卷十七〈法明傳〉云：

> 釋法明，……中宗朝入長安遊訪諸高達，適還詔僧道定奪《化胡成佛經》真偽。〔註8〕

又《辯偽錄》云：

> 僧曰：「釋道辯諍源起化胡，今將一一從頭討論。且汝書題云『太上混元上德皇帝明威化胡成佛經』，若具辯之，恐成繁雜，且舉大意試

〔註5〕 隋・法經，《眾經目錄》卷二，《大正藏》冊五十五，頁127。
〔註6〕 唐・智昇，《開元釋教錄》卷八，《大正藏》冊五十五，頁675。
〔註7〕 宋・趙希弁，《郡齋讀書志後志》卷二。
〔註8〕 宋・贊寧，《宋高僧傳》卷十七，〈法明傳〉，《大正藏》冊五○，頁813。

爲評論。」〔註9〕

按：《辯偽錄》所云之《明威化胡成佛經》距《法明傳》所言之時代約五百餘年，如此長久之時間，不知二者所指是否爲同一書？或僅是同名異實，實際並無關聯。

六、《化胡成佛經抄》

按：福井康順以爲，前述之《化胡成佛經》爲後來之《八十一化圖》吸收，而《八十一化圖》有繁簡二本：繁本四卷，保存了《化胡成佛經》之原貌，已佚，遺文可見《辯偽錄》；簡本一卷，乃繁本之節抄本，今存。故保存其中之《化胡成佛經》經刪節而成《化胡成佛經抄》，藉《八十一化圖》之名而保存至今。簡本《八十一化圖》民國十九年曾刊行，福井康順藏有一本。而繁簡《八十一化圖》福氏亦作有對照表，請參閱《老子化胡經の諸相》及《道教の基礎研究》第三章；《八十一化圖》全文可見吉岡義豐《道教と佛教第一》，〔註10〕此處不再詳引。

七、《化胡消冰經》

甄鸞《笑道論・五佛並出條》云：

《化胡消冰經》云尹喜推老子爲師。〔註11〕

同書〈害親求道條〉云：

《老子消冰經》云：老子語尹喜曰：「若求學道，先去五情。」〔註12〕

按：《老子消冰經》不知是否即《化胡消冰經》？或二者均爲《老子化胡消冰經》之簡稱？又《新唐書・藝文志》錄有《老子消水經》一卷，疑「水」乃「冰」字之誤。

八、《尹氏化胡經》

福井康順云《尹氏化胡經》之名出《少室山房筆叢》卷四十三，此經實指《老子西昇經》。但據筆者查證《少室山房筆叢》未見此名。又《老子西昇經》爲道教重要經典，據考證，此經原來亦載老子西昇化胡事，但今本未見。故《尹氏化胡經》一者未見其出處，二者未載老子化胡事，僅能就此約略言之。

〔註9〕 元・祥邁，《辯偽錄》卷四，《大正藏》冊五十二，頁771。
〔註10〕 同註1及吉岡義豐，《道教と佛教》第一，頁198～246，國書刊行會，1979。
〔註11〕 北周・甄鸞，《笑道論》，《廣弘明集》卷九。
〔註12〕 同前註。

上述八類《化胡經》大部分已亡佚，故內容及出現時代均無法詳細言之，只能簡單記其大概；至於倖存者，敦煌《化胡經》已列有專章討論，其餘則參見下節。

第二節　現存《老子化胡經》及相關作品

《化胡經》經過元代之禁焚，幾乎失傳，目前除敦煌《化胡經》外，僅唐朝王懸河之《三洞珠囊》卷九〈老子爲帝師品〉、〈老子化西胡品〉較完整的保存了《化胡經》之全貌。

王懸河，名里事蹟失考，其書自署爲「大唐陸海羽客王懸河修」。《三洞珠囊》之名謂擷三洞之精英也，《宋志‧神仙略》及《通志略‧諸子類》皆云三十卷，今道藏本十卷，每卷一品或數品不等，共三十四品，內容徵引道書甚眾，多爲今日不見者。

《三洞珠囊》曾多處引述《化胡經》，但完整者，唯上述二品。〈爲帝師品〉引了約百餘字之《化胡經》，茲引錄如下：

> 《化胡經》云：老子伏羲後生爲帝之師，號曰「究爽子」復稱「田野子」作《元陽經》。神農時出爲帝師，號曰「大成子」，復名「郭成子」，作《太一元精經》。祝融時出爲帝師，號曰「傳豫子」，復名「廣壽子」，作《按摩通精經》。三家共修无爲，各治萬八千歲，致太平，人民純樸，無有餘治，唯元氣自然，爲法不役伐，道氣歸之，无不服也，此謂三皇之君矣。黃帝時出爲帝師，號曰「廣成子」，作《道成經》。帝嚳時出爲帝師，號曰「綠圖子」，作《道理黃庭經》。帝堯時出爲帝師，稱「務成子」，作《正事經》。帝舜時出爲帝師，稱「尹壽子」，作《道德經》。黃帝至聖，遂使帝業相承，壽命有長短，象之五行，更相剋伐，強弱相凌，此謂五帝。夏王時出爲帝師，號曰「李子胥」，作《元陽經》，復作《德戒經》。湯王時出爲帝師，號曰「錫則子」，作《道元經》。文王時出爲帝師，號曰「燮邑子」，復稱「赤精子」，亦爲守藏史。武王時出爲帝師，號曰「郭叔子」，復稱「續成子」，爲柱下史。幽王時出爲帝師，號曰「天老」，復稱「老子」，爲柱下史，作《長生經》，復與尹喜作五千文，上下二經，復與尹喜至西國作佛，《化胡經》六十四萬言與胡王，後還中國，作《太平經》，後世當在人間，欲令

世人修善行義，尊奉德行，以佐道法，助國扶命，憂勞百姓，度脫凶

年，令遇太清之中也巳上數。〔註13〕

本段經文與敦煌失題《化胡經》略同（請見附錄），後者即據此卷推定爲《化
胡經》之殘卷。

　　至於〈老子化西胡品〉則相當完整的收錄兩個不同版本的《化胡經》，其
一曰：

　　《太平經》云：老子往西越八十餘年，生殷周之際也。鬼谷先生撰
　　《文始先生无上眞人關令内傳》云：周无極元年，歲在丑冬十有二
　　月二十五日，老子之度關也。關令尹喜敕門吏曰：若有老公從東來，
　　乘青牛薄板車者，勿聽過關……（按：中述試徐甲、授喜道法，約
　　青羊肆、化罽賓諸事）遂還東，遊幽演大道自然之氣爲三法：第一
　　曰：太上无極大道、第二曰：无上正眞之道，第三曰：太平清約之
　　道也。〔註14〕

其二曰：

　　《老子化胡經》云：「吾以幽王時出爲師，教化道法，觀其虛實，爲
　　柱下史，姓李名耳，字伯陽，知幽王不可復師，欲去之，此衰亂之
　　俗不可久，周幽王將亡其國，乃假服乘青牛、薄板車去之……遂西
　　詣罽賓王。至函谷關，關令尹喜好道術内學……（按：中亦述授喜
　　道法、約青羊肆、化罽賓國諸事，但無徐甲事。）……老子見胡受
　　化，乃與作六十四萬言經无上正眞之道。令王舉國事法，不得探巢
　　破卵傷害萬物，……以此爲法。〔註15〕

王懸河生平雖不可考，然咸以爲初唐時人。福井康順以爲此處所引之《化胡
經》，當是中宗神龍元年禁斷《化胡經》前，通行民間之版本。而敦煌《化胡
經》則爲後出之作，與前者來源不同。〔註16〕又王懸河於引文最末曰：「《化
胡經》乃有二卷不同，今會其異同，錄出此文也。」由此推測王錄之文，應
爲當時流行民間之二種《化胡經》的綜合抄本，非眞有此一書。

　　《化胡經》經元代禁毀，表面亡佚，實際上卻仍有流傳。因老子化胡成

〔註13〕唐‧王懸河，《三洞珠囊》卷九，〈老子爲帝師品〉，《道藏》冊二八二。
〔註14〕同前註，〈老子化西胡品〉。
〔註15〕同前註。
〔註16〕此說請參閱註1。

佛事，普遍爲道教徒所認同，故凡與老子有關之道經幾乎均會對此言及一、二，特別爲記載老子生平事蹟之道經，更是大量收錄相關資料，故《化胡經》雖名亡而實存。而《猶龍傳》、《混元聖記》、《八十一化圖》，則爲保存較多化胡說之三書。

《猶龍傳》，宋·賈善翔撰。翔，蓬州人，字鴻舉，哲宗時作《猶龍傳》，書名取自孔子對老子的「猶龍」之歎，內容則集宋以前老子之神話大成，爲記事本末體，共記事三十則，與化胡有關者如下：爲帝師（内容略同於《三洞珠囊·老子爲帝師品》而更繁複）、爲柱史、去周、試徐甲、度關試關令，授關令道德二經、青羊、流沙化八十一國九十六外道。最末一標題所記與敦煌《化胡經》卷一、卷二所載之國名、外道名幾乎完全相同，一般咸以爲《猶龍傳》所據之本，當與敦煌《化胡經》卷一、二同系。又文中云：「（化胡）其始末自有經傳，文繁不具錄。」，〔註17〕由此推測上述標題下之內容當採自《化胡經》或相關作品。

《混元聖記》，宋謝守灝作，守灝字懷英，永嘉人。灝先編《太上老君年譜要略》一卷、《太上混元老子史略》三卷，再將二者整編擴充爲《混元聖記》九卷。是書舊題《太上皇老君混元皇帝實錄》，成於光宗之時，內容則同《猶龍傳》記述老子歷來之靈蹟變化及歷代帝王崇道事蹟，與《猶龍傳》不同者爲：《混元聖記》爲編年體，正文頂天而寫，灝之意見則低一格，以按語形式插入正文，若將按語除去，則全篇文意首尾完整。觀其文，正文似雜採道經綴合而成，苟真如此，則文中有關老子化胡之記載，當取自《化胡經》。

《混元聖記》對《化胡經》之最大貢獻，乃是卷五完整保存了魏明帝製之《老子化胡經讚》，〔註18〕此讚與敦煌《化胡經》卷一序說之文字，大致相同而略簡（詳附錄），二者殆是同一祖本分衍下來，故有繁簡之異。

《八十一化圖》前章已略述及，此書目前尚倖存數本在私人手中。據考證《八十一化圖》有繁簡二本，元祥邁《辯僞錄》所引述者乃是原本（繁本），今日所見則是節抄本，而《八十一化圖》之內容及標題多承《猶龍傳》而來，日人吉岡義豐在其《道教と佛教第一》頁195～246附有詳細對照表，文繁不錄。〔註19〕

〔註17〕宋·賈善翔，《猶龍傳》，《道藏輯要》冊六，頁2356。

〔註18〕宋·謝守灝，《混元聖記》，《道藏輯要》冊六，頁2459。

〔註19〕吉岡義豐，《道教と佛教第一》，頁195～246，國書刊行會，昭和五十五年。

第三節　諸書所載化胡說之異同（上）

　　本節擬將上節所述諸書之化胡內容作一綜合比較，分析其異同。為求方便，茲將內容分為數小節，每小節予一標題，逐一討論之。《三洞珠囊》所引之二則《化胡經》，第一則《无上真人關令內傳》簡稱《內傳》，第二則直稱為《化胡經》。或以敦煌《化胡經》乃斷簡殘篇，用以觀之，恐失偏頗，但筆者以為敦煌《化胡經》雖名為十卷，但每卷各自獨立，內容互不關涉，所述化胡諸事，亦首尾完整，獨立成章，雖卷數不齊，亦不足為害也。

一、出　關

　　老子出關年代各書所載不盡相同。《內傳》云：

　　　　周无極元年歲在癸丑，冬十有二月二十五日，老子之度關也。〔註20〕

《猶龍傳》則云：

　　　　昭王二十九年癸丑，歲五月二十九日壬午，乘青牛薄軬車，徐甲為
　　　　御而去周。〔註21〕

又云：

　　　　謹按《內傳》云：老君以昭王二十五年癸丑五月壬午，去周隱居，
　　　　尋欲西之流沙，以化異俗……七月十二日，老君駕青牛之車，徐甲
　　　　為御，無極先生、鬼谷先生、太極先生從焉，西度關。〔註22〕

《混元聖記》之言則居二書之間：

　　　　老君復欲開西域，乃以昭王二十三年癸丑（注曰：上天之无極元年
　　　　也）五月壬午，駕青牛之車，薄板為隆穹，徐甲為御，將西度函關。
　　　　〔註23〕

至於敦煌《化胡經》僅卷一云：

　　　　至於昭王，其歲癸丑，便即西邁，過函谷關，授喜道德五千章句。

此五則記載雖有差異，但公認老子於昭王癸丑年五月壬午日去周，而於數月後度關。此外，諸書對關令尹喜的介紹，也有繁簡之別，簡者如《內傳》只言：

　　　　關令尹喜敕門吏曰：若有老公從東來，乘青牛薄板車者，勿聽過關。

〔註20〕唐・王懸河《三洞珠囊》卷九，頁8，《道藏》，冊二八二。
〔註21〕宋・賈善翔《猶龍傳》，〈去周〉條，頁2350，《道藏輯要》冊六。
〔註22〕同前註，〈度關試關令〉條，頁2351。
〔註23〕宋・謝守灝《混元聖記》卷三，頁2440。

〔註24〕
繁者如《混元聖記》云:

> 初尹喜志慕道術,少好三墳八索之書,善天文緯候,乃結草爲樓,仰
> 觀乾象……見東方有紫氣西邁,天文顯瑞,知有聖人當度關而西,乃
> 求出關爲函谷令,王從之。喜至關曰:「……九十日內有大聖人經過
> 京邑。」乃先敕關吏孫景曰:「若有形容殊俗,車服異常者,勿聽過。」
> 喜即預期齋戒,使掃路四十里,夾道燒香,候天眞入境。〔註25〕

《混元聖記》及《猶龍傳》對此段的敘述頗爲詳細,甚至連守人都有了名字。
至於敦煌《化胡經》唯卷十玄歌有數語提及曰:

> 尹喜通窈冥,候天見紫雲,知吾當西過,沐浴齋戒身,日夜立香火,
> 約敕守門人。

觀敦煌《化胡經》,不僅在此小節,包括以後數小節——即老子出關化胡前之
記載——均相當簡略,甚至沒有,這是頗令人疑惑之事。

二、試徐甲

　　徐甲故事之加進化胡說,最早見於葛洪《神仙傳·老子傳》之記載(文
見前引),以後歷代有關老子化胡記載之書,幾乎都收了這則故事,惟獨敦煌
《化胡經》無此記載。或言敦煌《化胡經》卷數不全,缺此記載,殊不可怪,
但從保存完整之卷一、卷十,均記載了老子去周、出關、化胡之事,但均無
徐甲故事之支字片語,實頗啓人疑竇。

　　徐甲故事中,徐甲乃老子之御者,雙方約定由甲御車,隨同老子出關,
但臨出關時,甲突生悔意,不願與老子出關,遂訟之於關令尹喜。甲不願出
關之因,綜合諸書有二說,一說爲:

> 老君欲試之,乃令甲牧青牛於野,以吉祥草化一女子,姿容絕整,
> 行及牧牛之所,輒戲以言,甲惑之,以老君欲遠適流沙,必不反,
> 遂廢約,矯辭詣關令,訟老君、索顧金。〔註26〕

另一說爲:

> 甲既見老子方欲遠遊,疑遂不還其直,時有美色女人,聞甲應得多

〔註24〕同註20,頁8。
〔註25〕同註23,頁2441~2442。
〔註26〕同註21,〈試徐甲〉條,頁235。

錢，密語甲曰：何不急訟求其直，吾當爲子妻。甲惡意因成，即舉
詞詣關令，訴老子求錢。〔註27〕

此二說雖不相同，但徐甲受美女誘惑而毀約則是一致的。最後，由於甲跟隨
老子已二百餘年，甲既毀約，老子遂取回置於甲身的「太玄長生符」，甲頓成
枯骨，後由於尹喜之求情，甲復生，由喜代償二百萬錢而去，而喜也因此更
堅定了對老子之崇敬。

三、關令問道

關於此節，各書對問道內容之記載，差異頗大。簡本《八十一化圖》之
第二十三化，只云：

太上老君乃授喜《道德經》五千言，大丹設節解之要。〔註28〕

而《辯僞錄》所引之第二十三化，內容則繁甚：

老子曰……道者爲泥丸，泥丸者，天德也，理在人頭中，紫氣下降，
下至丹田，名堵謂脾也。脾者，中黃太一也，黃氣徘徊理中宮，萬
物之母者謂丹田也，丹田廣玄也，居下元中……此老子授尹喜節要
也。又授喜《神丹經》、《金液經》及八煉九還丹伏火之訣，其方云……
又授九丹之名及歌曰……。〔註29〕

敦煌本卷一則言：

授喜《道德》五千章句，並說《妙眞》、《西昇》等經，乃至太清上
法、三洞眞文、靈寶符圖、太玄等法。

而《混元聖記》所記又更繁蕪，其文曰：

老君爲喜留關百有餘日，……「願聞大道。」，老君曰：「……大道
守貞三品，爲則以一爲度，以正爲德，……鍊金食氣爲第一，……
紅鉛里黑汞大丹頭，從紅入黑是眞修，……用赤入黑保長生，用黑
入赤天仙矣。……一者是鉛鉛爲君，二者是汞汞爲臣，若鉛不眞，
其汞難親，若鉛是親，不失家臣。……唯吾此道天地常存。」喜拜
曰：「藥物之旨，敬聞命矣，鑪鼎之制，水火之候奈何？」老君歌曰：
「……金液之訣盡在此矣。……於是授喜《太清八符經》、《太清觀

〔註27〕同註20，頁8。
〔註28〕引自吉岡義豐，《道教と佛教第一》，頁215，國書刊行會。
〔註29〕元·祥邁《辯僞錄》卷二，頁760～761。

天經》、《九都經》、《神丹經》、《金液經》及八鍊九轉還丹伏火之訣
焉。……喜請曰鍊金之法，……因授喜《玉歷中經》三十五章。喜
曰：「三一之旨，願賜指示。」老君曰：「……兩眉間卻入一寸爲明
堂，二寸爲洞房，三寸爲泥丸……」乃授喜太陽金眞九鍊之法，……
喜皆得其祕，再拜稽四，敬佩玄旨。〔註30〕

諸書所記雖皆不同，然皆偏重於內外丹之修煉，惟《化胡經》之記載與前書
全然不同，其文曰：

老子張口吐舌示之曰：「口中齒落盡，唯有舌在耳。」喜曰：「老聃
齒在口中，三十六枚儼然如霜，齒今落盡，唯有舌獨在，故知柔者
能制剛，弱者能勝強，欲令尹喜行柔弱之志。」〔註31〕

此說與前述諸文皆不相同而較符合老子《道德經》之意旨，然此文似有所本。
《說苑》卷十有如下之記載曰：

常摐有疾，老子往問焉，曰：「先生疾甚矣，無遺教可以語諸弟子者
乎？」常摐……張其口而示老子曰：「吾舌存乎？」老子曰：「然。」
「吾齒存乎？」老子曰：「亡。」常摐曰：「子知之乎？」老子曰：「夫
舌之存也，豈非以其柔耶？齒之亡也，豈非以其剛耶？」常摐曰：
「嘻！是已，天下之事已盡矣，何以復語子哉！」〔註32〕

漢人傳說常摐爲老子師，故有此故事。《化胡經》借用此事而與其他諸書不同，
或此經來源甚早，早在六朝丹道流行之前便已成立，故不及引進鍊丹之說。

四、青羊肆

本小節亦爲敦煌《化胡經》所欠缺之內容，記喜與老子分別前，約千日
（一云三年）尹喜道成後，再會於成都青羊之肆。但何爲道成？《內傳》及
《化胡經》均以爲只要勤讀五千文，誦此經萬遍，自然道成。但《猶龍傳》
則云：「汝能除垢止心，靜心守一，千日清齋鍊形，入妙則可尋吾於蜀青羊肆。」
〔註33〕二書顯然對得道之認知不同。

《三洞珠囊》之二則《化胡經》記喜千日後，依約至青羊肆尋老子，然
卻遍尋不著，後見一人日日來買青羊，遂疑而問之，此人答曰：「吾家有貴客，

〔註30〕同註23，頁2443～2445。
〔註31〕同註20，頁15。
〔註32〕劉向《說苑》卷十，頁45，四部叢刊初編子部，冊十九。
〔註33〕同註21，〈授關令道德二經〉條，頁2352。

好畜青羊，故使我買之。」喜遂因此與老子相會。但《猶龍傳》則引《混元本紀》曰：

> 太上以甲寅年昇天，至乙卯分身，潛降於蜀，託孕大官之家（《混元聖記》作太官李氏之家），丁巳尹喜方至。蜀本無青羊肆，太上在太微時，先敕青帝之青童（《混元聖記》作青龍）降成都，化爲青羊，尹喜於市肆見人牽之，自解云：既有青羊，復在其肆，老君所約當是也。因問云：「此羊乃誰家者？」答曰：「我家夫子誕一子，啼聲不止，投於水火皆不能害，有道人言：『得青羊乳與之，啼即止。』故市此羊。」〔註34〕

尹喜遂與之回，老子一見尹喜則「乃長丈餘，身作金色，頂負圓光、建七曜之冠，披九色之帔，舉家見之，皆惶恐」最後拜喜爲「文始先生」賜任「無上眞人」。《混元聖記》所記，大都與《猶龍傳》同，但言老子誕生後日日與青羊戲耍「一日忽失羊所在，兒啼不止，太官乃遣守羊童於市肆間尋覓」〔註35〕最後，老子尹喜二人相會，老子爲其母說《元陽經》，頓時全家長幼二百餘口，拔宅昇天而去。

老子與喜相約青羊肆之事，自然非眞，然唐・樂朋龜《西川青羊宮碑銘》卻云：「青羊肆者，太上玄元皇帝第二降生之所。」〔註36〕後人亦據此建「青羊宮」、「降生台」、「元陽台」大肆崇拜之，此當青羊肆作者始料未及之事。

第四節　諸書所載化胡說之異同（下）

前節所述，雖只是老子出關化胡前之插曲，然其內容幾乎全爲敦煌《化胡經》所欠缺者，實彌足珍貴。本節將正式討論老子化胡之經過。

五、化罽賓

青羊肆之後，老君偕同尹喜遊觀大地八紘之外及九天諸宮，最後到達罽賓。《混元聖記》敘老子化罽賓時，先交待了罽賓國王與老君之淵源，此爲他書所無，引之於後：

> 初清和國王生天爲妙梵天王，每遇老君遊行經歷，即遙拜發願云：

〔註34〕同註21，〈青羊〉條，頁2353。
〔註35〕同註23，頁2448。
〔註36〕唐・樂朋龜，《西川青羊宮碑銘》，《道藏》冊二一九。

> 願慈尊濟度弟子，於當來世，常與弟子爲師，於當來世得爲高眞。
> 其後天福報盡，降生人世，尚以餘福得爲羌胡之主，即罽賓之煩陀
> 力士是也。既生人間，忘其宿命，殺害無度，頻出遊獵，老君不忍
> 違其前願，乃於此敎化之。〔註37〕

至於化罽賓的過程，各書記載略同：罽賓王於行獵中遇老子，老子向國王說
法，並願設食供養全國臣民，王舉國就會，七日圓滿，王復回請老君徒眾，
然經月之後，倉廩將空而齋未及半，王惱羞成怒，遂將老子投入水火燒煮之，
但老子卻絲毫無損，身放光明，幾經試煉，國王終於心悅臣服，發心向道，
老子令尹喜爲佛，諸王師之。內容大致如此，枝節或有不同，不再詳述。

敦煌《化胡經》與此內容相符合者有二處：一爲卷十玄歌第六首，一爲
《靈寶化胡經》，二者雖皆有類似記載，然均未指出所化之國爲何？玄歌云：

> 我昔化胡時，涉天靡不遙……胡人不識法，放火燒我身，身亦不缺
> 損，乃復沈深淵，龍王折水脈，復流不復行……吾作騰波無，起立
> 上著天，日月頭上皦，光照億萬千，胡王心方悟，知我是聖人，叩
> 頭求悔過，今欲奉侍君……後畢得昇天。

《靈寶化胡經》云：

> 天尊言，吾遊行萬國之地，以道敎化，皆悉歸向，唯有胡國不伏。
> 天尊變形，乃作凡夫，入其國土，胡人男夫女婦，皆共驚怪。天尊
> 言：「汝等有何驚怪，我來化汝也……我等二老公，今大飢渴，汝一
> 國爲吾作食，乃可飽耳。」胡人一國即爲作食種種無數，二尊共食
> 不飽，胡人大小皆大驚怪。天尊言：「汝等一國，飼我不飽，我今復
> 爲汝設食。」……胡國大小食此，百方不遺一，胡人心由兇強，乃
> 以天尊囚縛……持火從下燒之……七日七夜，柴消火滅，胡人往看，
> 但見天尊顏色豐悅，光耀照天，誦經振動四方……。

此二文皆以「胡國」、「胡人」爲稱，無隻字片語提及「罽賓」，但由內容觀之，
殆罽賓國所發生之事無疑。

六、降九十六外道

《三洞珠囊》所收之二卷《化胡經》，在化罽賓後即結束。降九十六外道事，
《八十一化圖》緊接於化罽賓之後，《混元聖記》則安排在化條支、于闐國之後，

〔註37〕宋・謝守灝《混元聖記》，卷四，《道藏輯要》冊六，頁2452。

《猶龍傳》則於青羊肆之後，直接述老君至于闐國化九十六外道，而缺化罽賓一節。諸書對此事之安排順序或有不同，但均以簡單數語帶過，惟《猶龍傳》完整抄錄了九十六外道名及西域八十胡國名。相對於諸書之簡略，敦煌《化胡經》卷二，卻以整整以一卷之篇幅來記述此九十六外道之名稱、眷屬徒眾及特性。前述五小節中，諸書多所舖陳，敦煌《化胡經》卻非缺即簡，唯獨在諸書忽視的此小節大加敷演，此種作法，頗為奇特。殆各有所偏重吧！

又，諸書載降九十六外道事，皆在于闐國，唯《八十一化圖》云在「薩羅國舍提婆城」，不知此說所本為何？尚乏文獻可資論證。

七、其　他

《猶龍傳》在降九十六外道後，有關老子化胡之記載亦告終結，惟《八十一化圖》及《混元聖記》尚有化迦夷、條支、于闐、天竺、摩竭、舍衛等國，敦煌《化胡經》於此亦略有提及，本小節一併述之。

1. **迦夷國**　事見《八十一化圖》之三十六化《藏日月》，其文云：

> 太上老君，迦夷國，其王好殺，初不信真，及見凌犯、太上左手抱
> 日，右手把月，藏於頭中，天地冥昧，國人恐怖。〔註38〕

敦煌《化胡經》卷八及卷十玄歌第一首，亦述及此事，內容略同，此三者以卷八之敘述較詳細。但卷八記此事是夾雜在某胡王與老子之問答中，只是插曲而非主體，有趣的是卷八藉此說明了佛教名詞——「優婆塞」、「優婆夷」之由來：

> 迦夷國大兵眾，侵煞鄰國，奪人男女財寶，人皆忘之，相率於國。
> 男立塞，使強兵防守，女人老弱，令在家中，胡名曰劫奪曰「劫叛
> 婆」，故女子居家者，憂其男子在塞上為迦夷所劫奪傷煞，遂呼男為
> 「優婆塞」；男子守塞者，憂其女子在家復為迦夷所劫奪擄略，乃呼
> 女為「優汝夷」。

此說自然相當可笑，但由此可見當時佛道二教，互相鄙視之情形。

2. **條支國**　此事惟見《混元聖記》及《八十一化圖》之記載，二者所述略同。

3. **于闐國**　《混元聖記》、《八十一化圖》皆僅言老子遊于闐國，于闐王率國奉教。而敦煌《化胡經》卻較廣泛的記述于闐國及西域八十餘國國王受教的情形：

〔註38〕吉岡義豐《道教と佛教第一》，頁224，國書刊行會。

（老子）便即西度，經歷流沙，至于闐國毗摩城所，爾時老君，舉如
來節，招諸從人，……仙人玉女，十萬餘眾，乘雲駕龍，浮空而至，……
諸天賢聖周匝圍繞，復以神力召諸胡王，無問遠近，人士咸集，于闐
國王乃至朱俱半王、渴叛陀王、護密多王、大月氏王、……如是等八
十餘國王，及其妃后，并其眷屬、周匝圍遶，皆來聽法。爾時老君告
諸國王：「汝等心毒，好行煞害，唯食血肉，斷眾生命，我今爲汝說
《夜叉經》，……」又以神力，爲化佛形，騰空而來。

此段之敘述雖長，然扣除對人物描寫之差異，則老子顯化之神跡及所說教法，
比之前二書，並無太大差異。

  4. 天竺、摩竭、舍衛 前二國事皆見於《八十一化圖》及敦煌《化胡經》
    卷一。化天竺，記老子過蔥嶺，降大毒龍，卷一載此事，但並未指出
    國名。又《八十一化圖》云：

    降大毒龍已矣，南至烏萇，遍歷五天竺國。〔註39〕

卷一卻云：

    次即南出，至于烏場，遍歷五天。

「五天」及「五天竺國」雖僅二字之異，但涵意則有天壤之別。化摩竭，《八
十一化圖》云：

    老子入摩竭國，現希有相以化其王，立浮圖教，名清淨佛，號末摩
    尼。〔註40〕

卷一亦云：

    入摩竭國……立浮圖教，號清淨佛，令彼刹利婆羅門等而奉事之。

但無「號末摩尼」四字。老子化身爲末摩尼，卷一是置於最末：

    後經四百五十餘年，我乘自然光明道氣，從眞寂境飛入西那玉界，
    蘇鄰國中，降誕王室，示爲太子，捨家入道，號末摩尼。

《八十一化圖》顯然是將二事併爲一事。至於化舍衛國，唯《八十一化圖》
載之。

八、餘 音

  諸書至此，有關化胡之記載，均已結束，惟《八十一化圖》於最後四十

〔註39〕同註38，頁 227。
〔註40〕同註38，頁 227。

五化加上「弘釋教」一段曰：

> 太上老君將欲再弘浮屠教法，以周莊王九年，乃於梵天命煩陀王乘
> 月精，騎白象，託廕天竺國摩耶夫人，爲淨梵王之子，至十年甲午
> 四月初八生於右脅。〔註41〕

《辯僞錄》所引《八十一化圖》之第三十四化亦記此事，文字略同，但卻又加
入「道成類佛陀，眾號末牟尼」此句更難理解之話。「末牟尼」爲「末摩尼」之
同音異名，或根本即指「釋迦牟尼」？《混元聖記》在述完老子化胡事後，云：

> 老君自與群胡辭決，已逾百年，煩陀王（注曰：昔罽賓胡王也）下
> 生身毒國爲王子，是謂浮圖教主。周莊王九年癸巳四年七日夜半，
> 從莫耶夫人右脅誕生，……備歷艱苦，六年道成，身相金色，類佛
> 陀像，號曰釋迦牟尼。〔註42〕

此三段文字，看似類似，卻又有所不同。在前文記述中，或言老子成佛，或
云尹喜作佛，唯獨無煩陀王作佛之記載。《混元聖記》雖曾載老子與煩陀力士
之淵源，可與此處呼應，但就《八十一化圖》言之，則從未有煩陀王之相關
敘述，此處忽然插入此段，頗覺突兀。追究煩陀王作佛之說，蓋起於南北朝
之際。北周·甄鸞《笑道論》引《廣說品》曰：

> 始者，國王聞天尊說法，與妻子俱得須陀洹果，清和國王聞之，與
> 群臣造天尊所，皆白日升天，王爲梵天之首，號玄中法師。其妻聞
> 法，同飛爲妙梵天王，後生罽賓，號憤陀力王，殺害無道，玄中法
> 師需化度之，乃化生李氏女之胎，八十二年，剖左腋生而白首。經
> 三月乘白鹿與尹喜西遊，隱檀特。三年，憤陀力王獵，見便燒沈，
> 老子不死，王伏，便剃髮改衣，姓釋名法，號沙門。成果爲釋迦牟
> 尼佛，至漢世法流東秦。〔註43〕

按：《廣說品》不知何書，或某《化胡經》之〈廣說品〉。此文殆即《混元聖
記》所本。但此文中卻又多出一位清和王之妻，分析這些記載，可以得到下
列關係：

廣說品

清和王→號玄中法師→降生爲老子

〔註41〕同註38，頁229。
〔註42〕同註37，卷五，頁2461。
〔註43〕甄鸞，《笑道論》，〈五佛並出〉條，《廣弘明集》卷九。

　　清和王妻→號妙梵天王→下生罽賓憤陀力王→修道成釋迦牟尼

混元聖紀

　　清和國王→升天爲妙梵天王→降生罽賓爲煩陀力王→修道成釋迦牟尼

八十一化圖（繁本第三十四化）

　　煩陀王→道成類佛陀→號末牟尼

八十一化圖（簡本第四十五化）

　　煩陀王→淨梵王之子

　　從這些關係研判：《混元聖記》繼承了《廣說品》之說，但將清和王妻之事，歸入清和王中；《八十一化圖》再承繼《混元聖記》之說，卻又混入老子爲摩尼（牟尼）之事，使煩陀王爲佛之說更顯複雜。按：老子化身爲摩尼之說，在宋朝頗爲流行，《八十一化圖》作於宋元之間，當多少受到此說影響。值得注意者爲有關煩陀王爲佛之記載，考之目前相關史料，均不存此說，似乎僅零星的存於道經記載。

第六章　老子及尹喜之神化

　　在中國學術史上，老子實爲一神祕人物，其生平，其思想，其著作迄今仍眾說紛紜無一定論，或謂之隱君子，或號爲神仙，帝王尊之爲祖，道士敬之爲宗，故其人之玄祕難測可知矣。

　　至於尹喜，所知更少，《莊子·天下篇》敘述學派源流，將關尹、老子並列曰：「關尹、老聃乎，古之博大眞人哉！」然文中之「關尹」和《史記·老子傳》中之「關令尹喜」是否同爲一人，殊不可知。

　　老子、尹喜爲《老子化胡經》之首要人物，其生平事蹟、學說思想、神化過程，實有必要加以了解澄清。

第一節　老　子

　　先秦典籍中詳載老子事者，首推《莊子》，《莊子》一書記老子事者，凡十有餘處。〔註1〕〈天下篇〉云：

　　　　以本爲精，以物爲粗，以有積爲不足，淡然獨與神明居，古之道德
　　　　有在於是者。關尹聃聞其風而說之，建之以常無有，主之以大一，
　　　　以濡弱謙下爲表，以空虛不毀萬物爲實。……關尹老聃乎！古之博
　　　　大眞人哉！〔註2〕

此處用「古之」二字，可見老子之生應在莊周之前，又〈養生主〉曰：

〔註1〕　《莊子》內容眞僞雜陳，本文所引均是一般認爲較可靠的篇章。有關《莊子》
　　　　各篇章的考證，請參考黃錦鋐《新譯莊子讀本》〈莊子書的考證〉，三民書局。
〔註2〕　見《莊子》雜篇卷三十三。

老聃死、秦失弔之，三號而出。〔註3〕

由此觀之，老子死時似乎有人看見，而非《史記》所記之「莫知所終」。

先秦典籍除《莊子》外，其及於老子者多論其思想學術，鮮載行事，然從載籍所述，先秦人中之老子僅為一有道之隱君子，死時有人看見，為《道德經》之原始作者。故漢朝以前之老子，仍為一平凡之哲人，未嘗為神為仙，唯《莊子‧天下篇》稱老子為眞人，《呂氏春秋》稱其聽於無聲、視於無形，〔註4〕語涉幽玄，殆啓後世方士之想像。

漢初黃老之學盛行，雖然猶未以老子為神仙，但其傳記已開始蒙上神祕色彩。《史記‧老子傳》記載：

老子者，楚苦縣厲鄉曲里人也，姓李氏名耳，字伯陽，諡曰聃，周守藏室之史。……老子脩道德，其學以自隱無名為務，居周久之，見周之衰，迺遂去，至關。關令尹喜曰：「子將隱矣，彊為我著書」於是老子迺著書上下篇，言道德之意五千餘言而去，莫知其所終。……蓋老子百有六十餘歲，或言二百餘歲，以其脩道而養壽也。自孔子死之後百二十九年，而史記周太史儋見秦獻公……或曰儋即老子，或曰非也，世莫知其然否。〔註5〕

從此篇記載可知，至史遷之世，關於老子已有種種不同之傳說，其人雖然神妙莫測，但仍是個人，而非天上之神，海中之仙。即至東漢班固修《漢書》，其〈藝文志〉列舉各家書目，道家類既列有《老子》，亦列有《黃帝》，但神仙家類則只有《黃帝》而無《老子》，顯示在東漢前期，史書尚未把老子視為神仙，老子仍是春秋時代的一位思想家。但史書之記載只是官方片面的看法，是否能代表當時廣大民間社會，特別是中下階層人民對老子之認識則不可詳知。

推究老子之神化，當起於兩漢之際，劉向《列仙傳‧老子傳》云：

老子姓李名耳，字伯陽，陳人也。生於殷時，為周柱下史。好養精氣，貴接而不施，轉為守藏史，積八十餘年。《史記》云：「二百餘年，時稱為隱君子，諡曰聃。」仲尼至周見老子，知其聖人，乃師之。後周德衰，乃乘青牛車去。入大秦，過西關，關令尹喜待而迎

〔註3〕 見《莊子》內篇卷三。
〔註4〕 原文為：「聖人聽於無聲，視於無形，詹何、田子方、老聃是也。」
〔註5〕 《史記》卷六十三，〈老莊申韓列傳〉第三。

之，知眞人也，乃強使著書，作《道德經》上下二卷。〔註6〕

此段之記載不長，亦無特殊之處，顯見老子當時或名列「神仙」之林，但尙無具體之「仙蹟」形成。

東漢隨著佛教之傳入，對老子的神化起了催化作用。《後漢書・楚王英傳》記載：

　　（楚王）英晚節更喜黃老，學爲浮屠齋祭之。〔註7〕

又云：

　　楚王誦黃老之微言，尙浮屠之仁祠，絜齋三日，與神爲誓。〔註8〕

據此則當時老子與浮屠同被認爲神明而受祭祀。明章之際，王阜作《老子聖母碑》云：

　　老子者，道也。乃生于無形之先，起於太初之前，行於太素之元，

　　浮游六虛，出入幽冥，觀混合之未別，窺淸濁之未分。〔註9〕

上引三說雖均以老子爲神仙，但同《列仙傳》一樣，缺乏具體之神仙事蹟加以佐證。老子眞正之神化殆至漢末桓靈之際方才確立，而老子化胡說又爲其中主要關鍵。《後漢書・西域傳》云：

　　桓帝好神，數祀浮圖、老子，百姓稍有奉者，后遂轉盛。〔註10〕

《後漢書・桓帝紀》云：

　　（延熹）八年春正月，遣中常侍左悺之苦縣祀老子。十一月，使中

　　常侍管霸之苦縣，祀老子。〔註11〕

《後漢書・祭祀中》又云：

　　桓帝即位十八年，好神仙事。延熹八年初，使中常侍之陳國苦縣祀

〔註6〕　《列仙傳》，舊題西漢劉向撰，然漢志不錄，故歷來學者多所疑僞。宋・陳振孫《直齋書錄解題》以爲不類西漢文字，必非向撰；宋・黃伯思《東觀餘論》謂是書雖非向筆，而事詳語約，詞旨明潤，疑東漢人作；《四庫全書總目提要》、王瑤《中古文學史論》則疑爲魏晉間方士所僞託；近人余嘉錫又詳爲考稽，以爲「蓋明帝以後，順帝以前人之所作」（見其《四庫總目提要辨正》），余氏之言，誠爲的論；又法・唐德譔〈列仙傳與列仙〉（收錄於《中國學誌・第五本》）亦以爲至晚在後漢已流行，論辨甚詳。簡言之，此書出現甚早，魏晉之書時有徵引。故此書若非向作，亦爲同時或稍晚之作。

〔註7〕　《後漢書》卷四十二〈楚王英傳〉。

〔註8〕　同註7。

〔註9〕　見《太平御覽》〈太初部〉。

〔註10〕　《後漢書》卷八十八，〈西域傳〉。

〔註11〕　《後漢書》卷七，〈桓帝紀〉。

老子。九年，親祠老子于濯龍。文罽爲壇，飾淳金扣器，設華蓋之
坐，用郊天樂也。〔註12〕

《後漢書・襄楷傳》云：

又聞宮中立黃老浮屠之祠，此道貴清虛，貴尚無爲，好生惡殺，省
欲去奢。……或言老子入夷狄爲浮屠。〔註13〕

〈襄楷傳〉所言老子入夷狄爲浮屠事，爲今日可見最早有關老子化胡之記載。
又前文提及楚王英於宮中祠老子浮屠，但在老子故鄉建祠祭祀者，恒帝殆是
第一位。在恒帝祠老子之同時，陳相邊韶奉命撰《老子銘》記其事，銘文內
容雖不涉神異，但卻爲後世《化胡經》所本（詳見第四章），而《化胡經》又
是老子神化過程中最有力之推動者及傳播者，故恒帝之好道實爲老子神化之
最大動力。

由於漢末佛教漸與黃老分庭抗禮，道士們知道了一些佛經上關於釋迦牟
尼之神異記載，於是也抬出素受尊崇的老子，把他神化起來對抗佛教，再將
神化了的老子與自己拉上關係，抬高自身之地位。如于吉所造之《太平青領
書》云老君親授於曲陽，〔註14〕張陵之《正一明威法籙》亦說是老君降受於
鶴鳴山並封其爲天師，〔註15〕北魏冠謙之亦假老子之名清整道教，除三張僞
法，亦受封爲「天師」。〔註16〕晉葛洪《神仙傳・老子傳》記載了當時對老子

〔註12〕《後漢書》卷二十五，〈祭祀志〉。

〔註13〕《後漢書》卷三十，〈襄祀志〉。

〔註14〕葛洪《神仙傳・于吉傳》云：「漢元帝時，崇隨吉於曲陽泉上，遇天仙，授吉
青縑朱字《太平經》十部。」以後的書便根據這個說法而言吉所遇之「天
仙」即爲「太上老君」。如《老君說一百八十戒序》云：「老君至瑯琊授道與
干君，干君受道法遂，以得道，拜爲眞人，又傳《太平經》一百七十卷甲子
十部。」《混元聖記》卷一云：「（漢成帝）平河二年甲午，老君降于瑯琊曲陽
淵，授于吉《太平經》。」

〔註15〕葛洪《神仙傳・張道陵傳》云：「張道陵……與弟子入蜀住鶴鳴山……忽有天
下人下，……自稱柱下史或稱東海小童，乃授陵以新出《正一明威之道》陵
受之，能治病，百姓翕然奉事之，以爲師。」又《雲笈七籤》卷六引《玉緯》
云：「漢末有天師張道陵，精思西山，太上親降……授以三天正法，命爲天師，
又授正一科術要道法文……又授正一盟威妙經三業六通之訣，重爲三天法師
正一眞人。」

〔註16〕《魏書・釋老志》云：謙之……以神瑞二年十月乙卯忽遇大神……稱太上老
君，謂謙之曰：「……自天師張道陵去世以來，地上曠誠，修善之人無所師授，
嵩岳道士上谷冠謙之，立身直理，行合自然，才任軌範，首處師位，吾故來
觀汝，授汝天師之位，賜汝《雲中音誦新科之誡》二十卷，號曰並進。」言：
「吾此經誡，自天地開闢已來，不傳於世，汝宣吾《新科》，清整道教，除去

的傳說：

> 老子者，名重耳，字伯陽，楚國苦縣曲仁里人也。其母感大流星而有娠，雖受氣天，然見於李家，猶以李爲是。或云老子先天地生，或云天之精魄，蓋神靈之屬，或云母懷之七十二年乃生，生時，剖母左腋而出，生而白首，故謂之老子。或云其母無夫，老子是母家之姓，或云老子之母，適至李樹下而生。老子生而能言，指李樹曰：「以此爲我姓」。或云：上三皇時，爲「玄中法師」。下三皇時，爲「金闕帝君」。伏羲時，爲「鬱華子」。神農時，爲「九靈老子」。祝融時，爲「廣壽子」。黃帝時，爲「廣成子」。顓頊時，爲「赤精子」。帝嚳時，爲「祿圖子」。堯時，爲「務成子」。舜時，爲「尹壽子」。夏禹時，爲「眞行子」。殷湯時，爲「錫則子」。文王時，爲「文邑先生」。一云守藏史。或云在越爲范蠡，在齊爲鴟夷子，在吳爲陶朱公。皆見於群書，不出神仙正經，未可據也。……洪按：《西昇》、《中胎》及《復命苞》及《珠韜玉機》、《金篇内經》、皆云老子黃白色，美眉、廣顙、長耳、大目、疏齒、方口、厚唇、額有三五達理、日角月懸、鼻純骨、雙柱、耳有三漏門、足蹈二五、手把十文，以周文王時爲守藏史，至武王時爲柱下史。時俗見其久壽，故號之爲老子。

從葛洪所處時代推測，上述神話大概在漢末至三國間形成，此時老子已是道道地地之神仙，不僅出生不同凡響，即連長相也異於常人，最重要者爲此時之老子已具「神變」特質，歷代均有其化身應世，此實爲老子神化之一大進展。

至魏晉南北朝，進入中國史上最混亂之時代，彼時中國國力不振，屢受外族欺凌，人民一股民族自尊心油然而生，對外來一切均產生同仇敵愾之心理，把此種心理帶進宗教，則產生佛道二教之激烈對抗。故此時老子之神化，不僅僅爲單純之漢民族造神運動，而是摻雜了夷夏之分的種族對抗心態。故此時期造作出來之「老子神話」，一方面爲處處模仿佛經對佛陀之記載，一方面又使老子樣樣比佛陀強，甚至最後還讓佛陀成爲老子之弟子。《老子化胡經》便是此時期之神話代表。晉王浮造作的《化胡經》今雖不可考，但從今日殘存之《化胡經》來看，《化胡經》不僅是六朝老子神話之代表，更是唐前老子

三張僞法，租米錢稅，及男女合氣之術……」

神話之集大成者。按此經之記載，老子之出生爲：

> 混元未始，老君唯先，長於太初，冥昧之前，无師无祖，誕生自然。

又云：

> 太上老君以殷王湯甲之歲……乘于日精，垂芒九耀，入於玉女玄妙
> 口中，寄胎爲人。庚辰之歲，二月十五日誕生於亳，九龍吐水、灌
> 洗其形，化爲九井，爾時老君鬢髮皓白，登即能行，步生蓮生，乃
> 至于九，左手指天，右手指地，而告人曰：「天上天下，唯我獨尊。
> 我當開揚無上道法，普度一切動植眾生，周遍十方及幽牢地獄，應
> 度未度，咸悉度之。隱顯人間，爲國師範，位登太極无上神仙。」
> （按：《修行本起經》記佛陀出生云：「夫人出遊……攀樹枝，（佛陀）
> 便從右脅生墮地，行七步，舉手而言：『天上天下，唯我爲尊。三界
> 皆苦，吾當安之。』」〔註17〕

老子的長相是：

> 金身玉質，口方齒銀，額有參午，龍顏犀文，耳高於頂，日角月玄，
> 鼻有雙柱，天中平塡，足蹈二五，手把十文。

又據《三洞珠囊》引《化胡經》言：

> 老子體有金剛七十二相，頭髮紺青色，面目紫輝金色，面有五色光
> 也。（按：道經云老子有「七十二相、八十一好」，佛經則云佛陀有
> 「三十二相，八十種好」，較之老子略輸一籌）。〔註18〕

〔註17〕《修行本起經》卷上〈菩薩降生品〉第二，《大正藏》，冊三，頁463。
〔註18〕見《三洞珠囊》卷八，頁10。又同書頁13……十四記七十二相，八十一好爲：
「老子七十二相八十一好者：老子有九變，第一變，身長六尺六寸，冠魚鵲冠，
八緣鳳衣。第二變，身長七尺七寸，重疊冠，白衣赤領赤袖。第三變，身長八
尺八寸，通天冠，服五綵之衣。第四變，身長九尺九寸，辟邪冠，服羅褂衣。
第五變，身長一丈三寸，龍蛇冠，著朱光之衣。第六變，身一丈七寸，虛無冠，
著黑毛羽衣。第七變，身長一丈一尺，元氣冠，著龍蛇衣。第八變，身長一丈
一尺五寸，百變冠，服自然衣。其老子第九變之時，身有七十二相，應七十二
氣、八十一品也。七十二相者：頭圓法天、頂象崑崙、伏晨盤鬱、玉沈徐起、
皓髮如鶴、長餘七尺、虎髭龍耳、素潔如絲、眉如北斗、色如翠綠、中有紫毛、
長餘五寸、耳無輪廓、中有三門、高平於頂、厚而且堅、兩目鏡徹、日精紫光、
方童秀朗、規中綠筋、鼻有雙柱、形如截筒、口方如海、脣如赤丹、氣有紫色、
其香若蘭、齒如含貝，其堅若銀、數有六八、上下均平、舌長且廣、形如錦文、
玉泉充溢、其味甘香、其聲如金、其音如玉、煩似橫隴、頤若阿丘、籠籠日角、
隱隱月懸、犀文直理、龍顏神變、金容黃色、玉姿潤顏、額有三理、參午上達、
天庭平塡、銳面壽微、腹有白痣、頤有玉丸、項有三約、鶴素昂昂、垂手過膝、

至於老子最重要之神蹟：一爲化胡成佛（按：化胡中所顯之神力亦多類佛經）、二爲歷代爲聖者師，三爲降九十六外道（按：佛陀亦降九十六外道）。

　　由上述引文觀之，老子之神化無一不是出於佛經而更勝於佛經，此時之老子威威赫赫，神氣萬般，那裡還是當年虛懷若谷，持雌守弱的白髮老頭呢？

　　至李唐，奉老子爲祖先，尊道教爲國教，一時之間有關老子的神話遂多了起來，而老子的地位也逐步高昇；高宗乾封元年封老子爲「太上玄元皇帝」；玄宗天寶元年，詔《漢書・古今人物表》玄元皇帝升入上聖；天寶二年追尊爲「大聖祖玄元皇帝」；八年冊尊爲「聖祖大道玄元皇帝」；十三年又上尊號爲「大聖祖高上大道金闕玄元天皇大帝」。〔註 19〕至此老子的神化及地位於焉確定，後世有關老子傳說的道書、小說、藝術作品，一天比一天滋繁起來，也就不再敘述了。

第二節　尹　喜

　　尹喜爲老子化胡的主要輔翼者，「尹喜爲老子嫡傳弟子」之看法普遍受道徒認同，然其身分卻始終爲解不開之謎。先秦典籍有隱君子關尹一人，關尹、尹喜是否爲同一人，目前仍無法確定，但後世道徒卻咸認爲先秦典籍中之隱君子關尹即《史記・老子傳》中強留老子著書之關令尹喜，也就是後來樓觀派之創始者，道經上所謂之「無上文始眞人」。因此，爲求愼重，本節將關尹及尹喜分開討論。

一、關　尹

　　先秦典籍中提到關尹的有《莊子》、《呂氏春秋》、《列子》。《莊子・天下篇》論學術源流，把關尹、老子並列（文見前引）。《呂覽・不二篇》論其學說要旨曰：「關尹貴清」，顧頡剛先生歸結老關學說要旨曰：「老聃要不傷身，關尹要不傷知；老聃要寬容物，他是鑑照萬物。」〔註 20〕據載，關尹著有《關

　　　手把十文、指有玉甲、身有綠毛、背有河魁、胸有偃骨、心有九孔、外有錦文、臍深一寸、腹軟如綿、腳方如矩、雙蹠法輪、足蹈二五、指有乾坤、內滋白血、外示老容、身長丈二、遍體鮮香、行如虎步、動若龍趨、此是七十二相也。左扶青龍、右扶白虎、頭生朱雀、足履玄武、身若金剛、貌若琉璃、圓光五明、頭上紫氣、胸前眞字、此九好兼前七十二相，合成八十一好也。」

〔註 19〕詳見《舊唐書・禮儀志四》及〈高宗紀〉下。
〔註 20〕顧頡剛，《中國古史研究論叢》，頁 504。

尹子》九篇行世，然此書經《漢書‧藝文志》著錄後，隋唐二代〈藝文志〉皆無記載，至宋代又再次出現，殆爲後人依託之作。

先秦典籍談及關尹，如同老子，多只論其思想，少有言及其它，其人是否同老子般，也是隱者之流，從典籍多將老關併提來看，此推論當很有可能，但並無充分證據可以證明。

關尹之所以被認爲和「關令尹喜」爲同一人之主要原因乃在「關尹」之「關」字究竟爲姓氏或爲職稱，若是姓氏，則二人一姓關、一姓尹，並無關係。若是職稱，則關尹，或可解爲「關令尹喜」之簡稱，則「關尹」即「關令尹喜」，然則，事實眞象到底爲何？《莊子‧天下篇》中提到之人物有：墨翟、禽滑釐、宋鈃、尹文、彭蒙、田駢、愼到、老聃、莊周、惠施、公孫龍。在《呂氏春秋‧不二篇》與關尹並列者爲：老聃、孔子、墨翟、子列子、陳駢、陽生、孫臏、王廖、兒良，咸逕稱其姓氏，而無稱其官職者，據此我們可以大膽推測「關尹」的確是姓「關」名「尹」，與《史記‧老子傳》中之關令尹喜，實爲截然不同之二人，況「關令尹」喜是否眞姓「尹」名「喜」，亦有可議之處，故以下繼續探討「關令尹喜」之其人其事。

二、關令尹喜

「關令尹喜」一詞最先見於《史記‧老子傳》，其文曰：「關令尹喜曰：『子將隱矣，彊爲我著書』於是老子迺著書上下篇，言道德之意五千餘言而去，莫知所終。」後人均將「關令尹喜曰」讀爲「關令、尹喜、曰」，而將前述之關尹，與此處之尹喜合爲一人。但事實上，這五字尙有其他句讀法：

1. 「關令尹、喜曰」：此處「喜」作歡喜解。如此則關令尹之姓氏爲何，全然不可知。

2. 「關令尹、喜曰」：此處「喜」作名字解。如此則關令名喜，姓則依然不可考。

3. 「關令、尹喜、曰」：此爲最普遍之讀法，據此則關令姓尹名喜。

此三種讀法究竟何者爲是？何者爲非？無法遽下定論，但筆者以爲當以前二說較爲正確，何也？《廣雅‧釋詁四》曰：「尹、官也。」《左傳》宣公十二年：「楚官多名爲尹」。《尙書顧命》曰：「百尹御事。」《傳》曰：「百尹、百官之長。」由此可看出「尹」字在上古多作官名解。又「關尹」一詞，《周禮‧地官‧司關》云：

凡四方之賓客叩關則爲之告。

孫詒讓《正義》曰：

> 《周語》韋注：「關尹、司關，掌四方賓客，叩關則爲之告。」胡匡
> 袞云：「關人之長，天子謂之司關，諸侯謂之關尹。」

又《國語・周書》：

> 敵國賓至，關尹以告。

由上述引文觀之，「關尹」實指司關者，職掌四方之賓客。又楚國之政治組織以「尹」，或稱「令尹」爲最高政治官吏，官職中地方稱尹稱令，中央稱令尹。故「關令尹喜曰」實應作「關令尹、喜曰」而非「關令、尹喜、曰」，民間慣以後者爲讀，並使之成道成仙，則此「關令尹」亦只好姓尹名喜，隨老子出關化胡去了。

三、尹喜之神化

《史記・老子傳》是尹喜神化之起點，據此，尹喜被認爲是老子之嫡傳弟子，在道教上享有崇高地位，然此時除確立老、尹之師徒關係外，其他有關尹喜之神話仍尙未創造出來。至兩漢之際，劉向《列仙傳・關令尹傳》云：

> 關令尹喜者，周大夫也。喜內學，常服精華，隱德修行，時人莫知。
> 老子西遊，喜先見其氣，知有眞人當過，物色而遮之，果得老子。
> 老子亦知其奇，爲著書授之，後與老子俱遊流沙，化胡服苴勝實，
> 莫知其所終。尹喜亦自著書九篇，號曰《關令子》。[註21]

文中所言之「與老子俱遊流沙，化胡服苴勝實」啓開了後世「老子化胡說」之張本，而尹喜之神化亦由此開展。

尹喜之神化過程中，出力最多者爲「樓觀派」，樓觀派是據尹喜在陝西周至結草樓，觀星望氣之傳說，所創立之道教教派。《樓觀本起傳》云：

> 樓觀者，昔周康王大夫關令尹喜之故宅也，以結草爲樓，觀星望氣，
> 因以名樓觀，此宮觀所且始也。[註22]

由於樓觀派與尹喜之深厚深淵，此派大力維護老子化胡之說，並進而對尹喜之身世、形象加以大力塑造。根據初唐諸書對尹喜之記載，其身世：

> 關令尹喜，周之大夫也。母氏嘗畫寢，夢天下降絹，流繞其身，見

〔註21〕劉向，《列仙傳・關令尹傳》，《道藏》冊五十三。
〔註22〕引自《終南山說經台歷代眞仙碑記》，《道藏》冊二一七。

長人語，令咽之，既覺，口有盈味。及眞人生時，有雙光若日，飛遊其側，室內皆明，良久不知所在，其家陸地自生蓮華，光色鮮盛，眼有日晴，姿形長雅，垂臂下膝，堂堂有天人之貌。〔註23〕

其籍貫：

尹喜執板跪而言曰：喜是蜀成都人，姓尹名喜，自生以來，至今以歷三千甲子也。〔註24〕

此說以尹喜爲「蜀郡成都人」。但杜光庭《道教靈驗記》：

樓觀者，周康王大夫尹喜宅也，在京兆盩厔縣，神就鄉，聞仙里。〔註25〕

此說以唐末京兆之盩厔縣爲喜之出生地。又杜光庭《歷代崇道記》云：

混元乘白馬……謂同秀曰：「我昔與尹喜將入流沙之日，藏一匱靈符，在桃林故關，尹喜舊宅，汝可請帝取之。」〔註26〕

《史記・老子傳》，張守節《正義》引《括地志》云：

函谷關在陝州桃林縣西南十二里。

則陝州桃林縣亦爲喜之出生地。又杜光庭《道德眞經廣聖義》云：

尹喜者，天水人也。〔註27〕

後三說之年代較晚，但可看出至唐末尹喜之傳說仍是眾說紛紜，未能有統一之說法。至於其相貌，《三洞珠囊》引諸書云：

《飛天綱步地紀經》……云：關令尹喜，項生寶明之光，七十二相映照一形。又云：尹喜心結紫絡，面有圓明，項帶承天，背負七元也。

《老子雜說》云：尹喜眼有日精，姿形長雅，垂臂下膝，堂堂有天人之貌。又云：頭負圓耀，五藏有文，面有七星，上象天文，下順地理，莫不備足也。

《无上眞人內傳》云：尹喜眼有日精，姿形長雅，垂臂過膝，項負圓耀，五藏有文，面有七星，上象天文，下順地理，莫不備足，故寄惠鍊質，逝生末劫，當爲貴眞之長也。〔註28〕

〔註23〕見《藝文類聚》卷七十八引錄之《關令內傳》。
〔註24〕見王懸河，《三洞珠囊・老子化西胡品》，卷九，頁15，《道藏》冊二八二。
〔註25〕杜光庭，《道教靈驗記》卷三，頁9，《道藏》冊一二一。
〔註26〕杜光庭，《歷代崇道記》，《道藏》冊一二二。
〔註27〕杜光庭，《道德眞經廣聖義》卷三，頁13，《道藏》冊一六一。
〔註28〕同註24，〈相好品〉卷八，頁6及頁23。

有關老子授尹喜之法（書），據《史記》只有《道德經》五千言。至初唐《三洞珠囊》卷九之〈老子化西胡品〉所引之《化胡經》及《關令內傳》亦只有「道德經上下二篇」、「五千文上下二經」，然稍晚之《敦煌化胡經》記老子授喜之法，已不止此數矣。其文曰：

> （老子）過函谷關，授喜《道德》五千章句，並說《妙眞》、《西昇》
> 等經，乃至太清上法，三洞眞文、靈寶符圖、太玄等法。

較之前文已增加許多，至宋《混元聖記》的記載，又大有增加。其文曰：

> 老君爲喜留關下百有餘日……授喜《太清八符經》、《太清觀天經》、
> 《九都經》、《神丹經》、《金液經》及鍊九轉還魂丹伏火之訣焉。……
> 喜重請曰鍊金之法，……因授喜《玉曆中經》三十五章……即授喜
> 妙眞內解并太清、上清、三洞眞文、靈寶符圖、太玄等法。〔註29〕

由此可知，尹喜之神話乃與日俱增。

化胡說對尹喜之神化，有著相當重要的地位，然在不同之《化胡經》尹喜有著不同之身分地位。北周・甄鸞《笑道論》引《化胡經》曰：

> 老子化罽賓，一切奉佛，老曰：「卻後百年，兜率天上更有眞佛，託
> 生舍衛白淨型宮，吾於爾時，亦遣尹喜下生從佛，號曰阿難，造十
> 二部經。」〔註30〕

在佛教之《化胡經》中，尹喜爲造十二部經之阿難尊者，在道教的《化胡經》，尹喜則爲師爲佛。敦煌《化胡經》卷一曰：

> 我令尹喜乘彼月精，降中天竺國，入乎白淨夫人口中託廕而生，號
> 爲悉達，捨太子位，入山修身，成無上道，號爲佛陀。

又《三洞珠囊》引《關令內傳》云：

> 爾時推尹喜爲師，令王及國人事之。……老子曰：「善。既欲棄國學
> 道，吾留王之師，號爲佛，佛事无上正眞之道。」〔註31〕

在前三則引文中，不論尹喜之身分爲佛或阿難，其在化胡說，輔佐老子教化胡人之地位則是肯定的。

唐後，尹喜之神化依然繼續著，然多本前朝之傳說脈絡延伸發展，也就不再多作敘述了。

〔註29〕宋・謝守灝《混元聖記》卷四，《道藏輯要》冊六。
〔註30〕北周・甄鸞《笑道論》，見《廣弘明集》卷九。
〔註31〕同註24。

　　尹喜本是《史記・老子傳》中一位微小之守關者，生平姓氏無一可考，卻由於老子之關係，一躍而爲生有異象、夙具仙根，佐老子化胡之樓觀派教主，其後更隨著樓觀派勢力之益盛及化胡說之播而聲名高漲，奠定尹喜在道教之地位。探究尹喜之神化，或可用「一人（老子）得道，雞犬昇天。」這句話來形容。

第七章　結　論

　　《老子化胡經》乃佛道論衡中依託老子名下之產物，並非歷史眞象。由於經文言佛陀乃老子（或尹喜）之化身，佛教乃老子爲西域蠻夷所設之小道，而戒律中之剃髮、不婚娶，乃因胡人心毒，需藉此斷其根種，使其一國自然滅盡，對佛陀及教徒多有不敬及自誇處。故歷代佛道二教屢屢爲對論朝廷，而《化胡經》亦因道教辯論失敗，先後於唐中宗神龍元年、元憲宗八年、元世祖至正十八年遭禁毀，以至於亡佚。及至清末，方於敦煌石室發現殘卷，爲佛教在中國傳教初期所遭遇之排斥、反抗，提供了直接證據，彌足珍貴。

　　敦煌《化胡經》共有七卷、二萬餘字，各卷內容標題不盡相同。推測內容成立年代，至遲在唐玄宗開元年間便已成立。由於《化胡經》非出於一人一時之手，故一卷中往往新舊資料並存：既有唐代方始加入之新說，亦有源於漢魏六朝之舊文，二者往往不能區分，故文中對老子化胡成佛之記載，有不少歧異處。如在「化胡」部分，諸卷所記之國家、人事及化胡次序，即不完全相同；而「成佛」部分，則存有老子作佛及尹喜成佛二說，前者乃源於漢朝之舊說，後者則爲道教徒爲反擊佛教徒將老子眨爲佛弟子迦葉所創出之新說。

　　敦煌《化胡經》七卷中，扣除一卷重複，共可分爲四系：前三系分別以《老子化胡經》、《老子化胡經受道》、《太上靈寶老子化胡妙經》爲經題，而各自以「老君」、「老子」、「天尊」爲老子尊稱，第四系則因失題無法歸屬，只好自成一系。此四系《化胡經》內容龐蕪枝蔓，除老子化胡成佛之內容外，又涉及摩尼教、景教、太平眞君、彌勒信仰等宗教問題。這些宗教皆爲各時期盛極一時之信仰，《化胡經》將其吸收入經，一方面顯示道教之強大包容性，

一方面藉此增加自己經典之分量，抬高自身地位，以與佛教抗衡，並證明老子親創佛教，為萬教之祖之不虛。

《老子化胡經》乃源於老子化胡說，初期之老子化胡說乃佛教徒為傳教之便，免去漢民族尊夏卑夷所提出之方便說法。其後佛道二教勢力漸興，雙方於利益、見解上日生衝突，此說遂經道教徒渲染，成為打擊佛教之利器。到晉惠帝年間，五斗米道之祭酒王浮據此說造《老子化胡經》，於是二教論衡之事便時有所聞，而爭論內容不外乎佛老先後及老子化胡成佛之真偽，且多涉及夷夏之分之民族意識。其論衡過程中，雙方為取得有利之地位，均大量偽造己方經典，並篡改他人之經文，如佛教徒篡改道教之《西昇經》、《化胡經》言老子之師號佛；又偽作《老子大權菩薩經》、《清淨法行經》云老子乃佛之弟子迦葉。而道教徒則將《化胡經》由一卷擴增至十卷，大幅添入老子化胡之事蹟；又造《老子開天經》言老子西出化胡時，佛乃充侍者。此外，佛教徒更造出「化華說」，云所謂老子化胡實乃迦葉（即老子）化華已成，出關返國覆命使然，並非真有化胡一事。而化胡說在各方創造下，遂日益複雜，反應於文字，便是出現於歷朝之各類《化胡經》，如隋之《正化內外經》、唐之《化胡消冰經》、宋之《老子化胡經》、元之《化胡成佛經》及敦煌之《西昇化胡經》、《靈寶化胡經》、《化胡經玄歌》等等。然上述諸經，除敦煌本數系外，多不可考。老子化胡說發展至元朝，由於全真教之大力宣說，並造《八十一化圖》廣為刊行通行，遂遭佛教徒所忌，至憲宗時，佛道二教對辯，道教失敗，《化胡經》及相關作品乃悉遭禁焚，此後《化胡經》失傳，化胡說亦少有人提及。

《化胡經》雖至元代而亡，但化胡說卻因為被認為老子重要示現，而保存於老子傳記中。《混元聖記》、《猶龍傳》、《八十一化圖》為保存較多化胡說之老子傳記；而《三洞珠囊》更引錄了相當長篇幅之《化胡經》佚文，使我們得窺《化胡經》原貌之一二。綜觀此四書對化胡說之記載，皆全面而完整的記錄老子離周、出關、度關令尹喜、試徐甲、約青羊肆、化西域諸國之全部始末，而敦煌《化胡經》則偏重於出關後化胡之記載，對出關前之「試徐甲」、「約青羊肆」等事，幾無片語提之；而《混元聖記》、《八十一化圖》更在老子、尹喜之外，提出煩陀力王為佛之說，顯見各書之來源根據各有不同，而化胡說流傳之廣，內容之複雜，亦可由此知其梗概。

總之，《老子化胡經》其內容雖荒誕不經、禁不起事實之驗證，然此經記

錄了佛教在中國傳播過程中，所遭受之抵毀及醜化，呈現了中土人民對外來
事物所抱持之自大自尊心態。在往昔，由於宗教、民族、政治等各方面複雜
心結，始終未能深入了解《化胡經》出現之背景、原因及意義，而僅是一味
予以禁斷，今日我們則應正視此經之存在，並深思隱藏於背後之深層意義。

參考及引用書目

一、中文專書（依書名筆畫順序排列）

1. 《史記》，司馬遷，二十五史，台北：新文豐。
2. 《後漢書》，范曄，二十五史，台北：新文豐。
3. 《三國志》，陳壽，二十五史，台北：新文豐。
4. 《晉書》，房玄齡，二十五史，台北：新文豐。
5. 《南齊書》，蕭子顯，二十五史，台北：新文豐。
6. 《魏書》，魏收，二十五史，台北：新文豐。
7. 《南史》，李延壽，二十五史，台北：新文豐。
8. 《舊唐書》，劉昫，二十五史，台北：新文豐。
9. 《新唐書》，宋祁，二十五史，台北：新文豐。
10. 《人道與神道》，呂大吉，上海：人民。
11. 《中本起經》，後漢・曇果、康孟詳，《大正藏》第三冊，台北：新文豐。
12. 《佛所行讚》，北涼・曇無讖，《大正藏》第三冊，台北：新文豐。
13. 《佛說太子瑞應本起經》，吳・支謙，《大正藏》第三冊，台北：新文豐。
14. 《修行本起經》，後漢・竺大力、康孟詳，《大正藏》第三冊，台北：新文豐。
15. 《佛本行經》，劉宋・寶雲，《大正藏》第四冊，台北：新文豐。
16. 《佛說月光童子經》，西晉・竺法護，《大正藏》第十四冊，台北：新文豐。
17. 《佛說灌頂經》，東晉・帛尸梨蜜多羅，《大正藏》第二十一冊，台北：新文豐。

18. 《佛祖統紀》，宋・志磐，《大正藏》第四十九冊，台北：新文豐。

19. 《佛祖歷代通載》，元・華亭念常，《大正藏》第四十九冊，台北：新文豐。

20. 《歷代三寶記》，隋・費長房，《大正藏》第四十九冊，台北：新文豐。

21. 《宋高僧傳》，宋・贊寧，《大正藏》第五十冊，台北：新文豐。

22. 《續高僧傳》，唐・道宣，《大正藏》第五十冊，台北：新文豐。

23. 《高僧傳》，唐・道宣，《大正藏》第五十冊，台北：新文豐。

24. 《唐護法沙門法琳別傳》・唐・彥琮，《大正藏》第五十冊，台北：新文豐。

25. 《十門辯惑論》，唐・復禮，《大正藏》第五十二冊，台北：新文豐。

26. 《北山錄》，唐・神清，《大正藏》第五十二冊，台北：新文豐。

27. 《破邪論》，唐・法琳，《大正藏》第五十二冊，台北：新文豐。

28. 《辯正論》，唐・法琳，《大正藏》第五十二冊，台北：新文豐。

29. 《甄正論》，唐・玄嶷，《大正藏》第五十二冊，台北：新文豐。

30. 《集古今佛道論衡》，唐・道宣，《大正藏》第五十二冊，台北：新文豐。

31. 《續集古今佛道論衡》，唐・智昇，《大正藏》第五十二冊，台北：新文豐。

32. 《護法論》，宋・張商英，《大正藏》第五十二冊，台北：新文豐。

33. 《辯偽錄》，元・祥邁，《大正藏》第五十二冊，台北：新文豐。

34. 《大秦景教流行中國碑》，唐・景淨，《大正藏》第五十四冊，台北：新文豐。

35. 《摩尼光佛教法儀略》，唐・拂多誕，《大正藏》第五十四冊，台北：新文豐。

36. 《老子化胡經》，《大正藏》第五十四冊，台北：新文豐。

37. 《出三藏記集》，梁・僧祐，《大正藏》第五十五冊，台北：新文豐。

38. 《眾經目錄》，隋・法經，《大正藏》第五十五冊，台北：新文豐。

39. 《開元釋教錄》，唐・智昇，《大正藏》第五十五冊，台北：新文豐。

40. 《太平御覽》，宋・李昉等，台北：新興，西元 1959 年。

41. 《日本國見在書目》，唐・藤原佐世，台北：藝文，西元 1968 年。

42. 《元和郡縣志》，唐・李吉甫，台北：藝文，西元 1968 年。

43. 《少室山房筆叢》，宋・胡應麟，台北：世界，西元 1963 年。

44. 《中國十大名道》，唐代劍等，吉林：延邊大學，西元 1991 年。

45. 《中國天主教史》，穆啓蒙編、侯景譯，台北：光啓，西元 1975 年。

46. 《中國天主教傳教史》，德禮，台北：商務，西元 1968 年。

47. 《中國古文研究論叢》，顧頡剛。

48. 《中國基督教史》，楊森富，台北：商務，西元 1968 年。

49. 《中國道教史》，傅勤家，台北：商務，西元 1984 年。

50. 《中國道教思想史綱》，卿希泰，台北：木鐸，西元 1986 年。

51. 《中國宗教思想史》，王治心，台北：彙文堂，西元 1988 年。

52. 《中國佛教通史》，鎌田茂雄著、關世謙譯，高雄：佛光，西元 1993 年。

53. 《水經注》，北魏・酈道元，四部叢刊本。

54. 《弘明集》，梁・僧祐，台北：新文豐，西元 1985 年。

55. 《天堂遊記》，台中：聖德雜誌社，西元 1990 年。

56. 《列仙傳》，漢・劉向，《正統道藏》第五十三冊，台北：藝文，西元 1962 年。

57. 《歷世眞仙體道通鑑》，元・趙道壹，《正統道藏》第五十四冊，台北：藝文，西元 1962 年。

58. 《續歷世眞仙體道通鑑》，元・趙道壹，《正統道藏》第五十八冊，台北：藝文，西元 1962 年。

59. 《道教靈驗記》，唐・杜光庭，《正統道藏》第一二一冊，台北：藝文，西元 1962 年。

60. 《歷代崇道記》，唐・杜光庭，《正統道藏》第一二二冊，台北：藝文，西元 1962 年。

61. 《道德眞經廣聖義》，唐・杜光庭，《正統道藏》第一六一冊，台北：藝文，西元 1962 年。

62. 《混元聖紀》，宋・謝守灝，《正統道藏》第一九九冊，台北：藝文，西元 1962 年。

63. 《太上混元老子史略》，宋・謝守灝，《正統道藏》第二〇〇冊，台北：藝文，西元 1962 年。

64. 《猶龍傳》，宋・賈善翔，《正統道藏》第二〇〇冊，台北：藝文，西元 1962 年。

65. 《太上混元眞錄》，《正統道藏》第二一七冊，台北：藝文，西元 1962 年。

66. 《終南山說經台歷代眞仙碑記》，元・朱象先，《正統道藏》第二一七冊，台北：藝文，西元 1962 年。

67. 《太平經鈔》，《正統道藏》第二七二冊，台北：藝文，西元 1962 年。

68. 《三洞珠囊》，唐・王懸河，《正統道藏》第二八二冊，台北：藝文，西元 1962 年。

69. 《老君變化無極經》，《正統道藏》第三一八冊，台北：藝文，西元 1962 年。

70. 《三天內解經》，《正統道藏》第三一八冊，台北：藝文，西元 1962 年。

71. 《白虎通德論》，漢·班固，四部叢刊本。

72. 《全上古三代秦漢六朝文》，清·嚴可均，台北：世界，西元 1982 年。

73. 《呂氏春秋》，周·呂不韋，四部叢刊本。

74. 《先秦漢魏晉南北朝詩》，逯欽立，台北：木鐸，西元 1988 年。

75. 《佛教典籍百問》，方廣錩，高雄：佛光，西元 1991 年。

76. 《癸巳類稿》，清·俞正燮，台北：世界，西元 1963 年。

77. 《抱朴子》，晉·葛洪，台北：世界，西元 1963 年。

78. 《長春眞人西遊記校注》，王國維，台北：商務，西元 1967 年。

79. 《法住記及所住阿羅漢考》，萊維、孝閱納著、馮承鈞譯，台北：老古，西元 1982 年。

80. 《神仙傳》，晉·葛洪，台北：自由，西元 1980 年。

81. 《南宋金元的道教》，詹石窗，上海：古籍，西元 1989 年。

82. 《唐元二代之景教》，羅香林，香港：中國學社，西元 1966 年。

83. 《唐代彌勒信仰研究》，汪娟，文化中研所碩士論文，西元 1990 年。

84. 《郡齋讀書志後志》，宋·趙希弁，台北：商務，西元 1973 年。

85. 《通志》，宋·鄭樵，台北：新興，西元 1963 年。

86. 《陳寅恪先生論文集》，陳寅恪，台北：三人行，西元 1976 年。

87. 《從摩尼教到明教》，王見川，台北：新文豐，西元 1992 年。

88. 《雲笈七籤》，宋·張君房，台北：自由，西元 1991 年。

89. 《黃氏日鈔》，宋·黃震，四庫全書本。

90. 《混元聖記》，宋·謝守灝，《道藏輯要》第六冊，台北：考正，西元 1976 年。

91. 《太上老君年譜要略》，宋·謝守灝，《道藏輯要》第六冊，台北：考正，西元 1976 年。

92. 《猶龍傳》，宋·賈善翔，《道藏輯要》第六冊，台北：考正，西元 1976 年。

93. 《西川青羊宮碑記》，唐·樂朋龜，《道藏輯要》第六冊，台北：考正，西元 1976 年。

94. 《道家文化與現代文明》，葛榮晉，北京：人民大學，西元 1991 年。

95. 《道教史》，窪德忠著、蕭坤華譯，上海：譯文，西元 1987 年。

96. 《道教史資料》，中國道教協會，上海：古籍，西元 1991 年。

97. 《道教答問》，朱越利，台北：貫雅，西元 1990 年。

98. 《道教知識百問》，盧國龍，高雄：佛光，西元 1991 年。

99. 《道教與中國文化》，葛兆光，上海：人民，西元 1981 年。

100. 《道教與仙學》，胡孚琛，太原：新華，西元 1991 年。

101. 《道教學探索》，張煒玲等，中國道教會台灣省台南支會，西元 1989 年。

102. 《道教概況》，李養正，北京：中華，西元 1990 年。

103. 《道教精華》，劉國榮，吉林：文史，西元 1991 年。

104. 《道教論稿》，王家祐，成都：巴蜀，西元 1991 年。

105. 《道藏源流考》，陳國符，台北：祥生，西元 1975 年。

106. 《敦煌遺書總目索引》，王重民，台北：源流，西元 1982 年。

107. 《敦煌古籍敍錄》，王重民，台北：木鐸，西元 1981 年。

108. 《敦煌古籍敍錄新編》，黃永武，台北：新文豐，西元 1986 年。

109. 《路史》，宋‧羅泌，四部備要本。

110. 《新序》，漢‧劉向，四部叢刊本。

111. 《資治通鑑》，宋‧歐陽修，四部備要本。

112. 《萬卷堂書目》，明‧朱睦㮮，台北：新文豐，西元 1981 年。

113. 《說苑》，漢‧劉向，四部叢刊本。

114. 《漢魏兩晉南北朝佛教史》，湯用彤，台北：駱駝，西元 1987 年。

115. 《魏晉神仙道教》，胡孚琛，北京：人民，西元 1990 年。

116. 《隸釋》，宋‧洪邁，四部叢刊本。

117. 《韓詩外傳》，漢‧韓嬰，四部叢刊本。

118. 《藝文類聚》，唐‧歐陽詢，台北：新興。

119. 《羅雪堂先生全集》，羅振玉，台北：大通，西元 1973 年。

120. 《續資治通鑑長編》，宋‧李燾，台北：世界，西元 1964 年。

121. 《觀堂林集》，王國維，台北：世界，西元 1964 年。

二、中文單篇論文（依篇名筆畫順序排列）

1. 〈老子化胡說考證〉，王維誠，《國學季刊》一卷二期，西元 1934 年。

2. 〈老子神化考略〉，劉國鈞，《金陵學報》四卷三期。

3. 〈老子化胡經的公案〉，黃華節，《海潮音》十七卷六期。

4. 〈老子化胡經與摩尼教〉，林悟殊，《世界宗教研究》，西元 1984 年第 4 期。

5. 〈老君音誦戒經校釋〉，楊聯陞，《中研院史語所集刊》第二十八本，西元 1956 年 12 月。

6. 〈宋代摩尼教〉，牟潤孫，《輔仁學誌》七卷一期，西元 1938 年。

7. 〈唐代佛道之爭研究〉，李斌城，《世界宗教研究》，西元 1982 年第 2 期。

8. 〈唐代道教與政治〉，孫克寬，《大陸雜誌》五十一卷二期，西元 1975 年 8 月。

9. 〈唐以前老子的神話〉，孫克寬，《大陸雜誌》四十八卷一期，西元 1974 年 1 月。

10. 〈唐前火祆教和摩尼教在中國之遺痕〉，柳存仁，《世界宗教》，西元 1981 年第三期。

11. 〈敦煌本摩尼光佛教法儀略的產生〉，林悟殊，《世界宗教》，西元 1983 年第三期。

12. 〈敦煌石室所發現老子化胡經試探〉，羅香林，《珠海學報》八期，西元 1945 年。

13. 〈跋老子化胡經玄歌〉，逯欽立，《國立中央圖書館館刊》復刊二號，西元 1947 年 6 月。

14. 〈摩尼教入華年代質疑〉，林悟殊，《文史》十八輯，西元 1983 年。

15. 〈摩尼教入中國考〉，陳垣，《國學季刊》一卷二期，西元 1930 年。

16. 〈讀太平經書所見〉，湯用彤，《國學季刊》五卷二期，西元 1935 年。

三、日本專書（依書名筆畫順序排列）

1. 《老子の研究》，武內義雄，角川書店，昭和五十五年。

2. 《老子傳說の研究》，楠山春樹，創文社，昭和五十四年。

3. 《敦煌と中國道教》，《講座敦煌》第四冊，大東出版社，昭和五十八年。

4. 《敦煌道經》，大淵忍爾，福武書店，西元 1981 年。

5. 《敦煌文獻分類目錄》，吉岡義豐，東洋文庫，西元 1969 年。

6. 《道教の傳播》，《道教》第三冊，平河出版社，西元 1983 年。

7. 《道教の基礎研究》，福井康順，理想社，昭和二十七年。

8. 《道教と佛教第一》，吉岡義豐，國書刊行會，昭和五十五年。

9. 《道教と佛教第三》，吉岡義豐，國書刊行會，昭和五十五年。

10. 《道教の實態》，吉岡義豐，國書刊行會，昭和五十五年。

四、日文單篇論文（依書名筆畫順序排列）

1. 〈化胡成佛說の展開〉，福井康順，《宗教研究》三十五卷三期，西元 1961

年。

2. 〈元代じ存ゐる化胡説に就いて〉，久保田量遠，《大正大學學報》三十二期，昭和十六年。

3. 〈老子化胡經僞作者傳に就いて〉，柴田宜盛，《史學雜誌》四十四卷 1～2 期。

4. 〈老子化胡説の由來〉，重松俊章，《史淵》十八期，西元 1938 年。

5. 〈老子化胡經の研究〉，松本文三郎，《東方學報》第十五册一分，昭和二十年。

6. 〈老子化胡經〉，桑原藏，《藝文》一卷九期。

7. 〈老子化胡説小考〉，大淵忍爾，《福井博士頌壽紀念集》，昭和四十四年。

8. 〈老子化胡説の成立に關ゐる一臆説〉，窪德忠《石田博士頌壽紀念集》，昭和四十年。

9. 〈老子化胡説の成立と其敦煌殘卷〉，福井康順，《哲學年誌》第四期，西元 1934 年。

10. 〈老子化胡説と諸相〉，福井康順，《支那佛教史學》一卷三期——二卷一期。

五、敦煌寫本

斯一八五七

斯二〇八一

斯二二九五

斯三九六九

斯六九六三

伯二〇〇四

伯二〇〇七

伯二三六〇

伯三四〇四

附　圖

圖一　老子西昇化胡經序説第一（S1857）

圖二　太上靈寶老子化胡妙經（S2081）

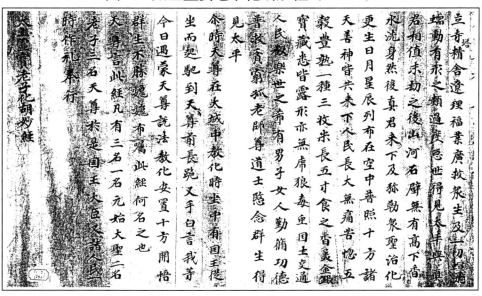

圖三　老子化胡經卷第一（S1857）

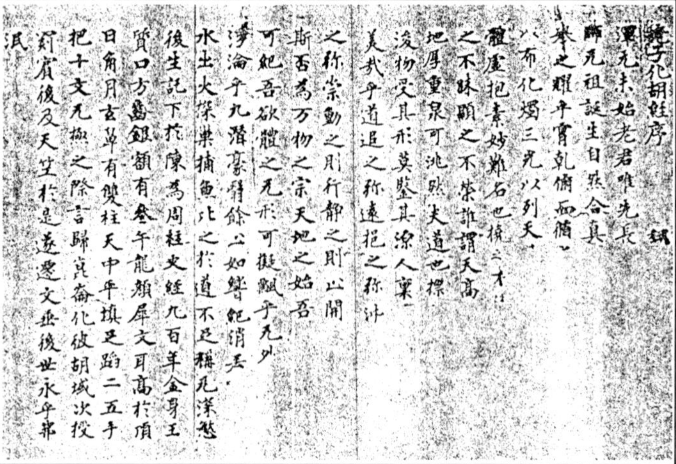

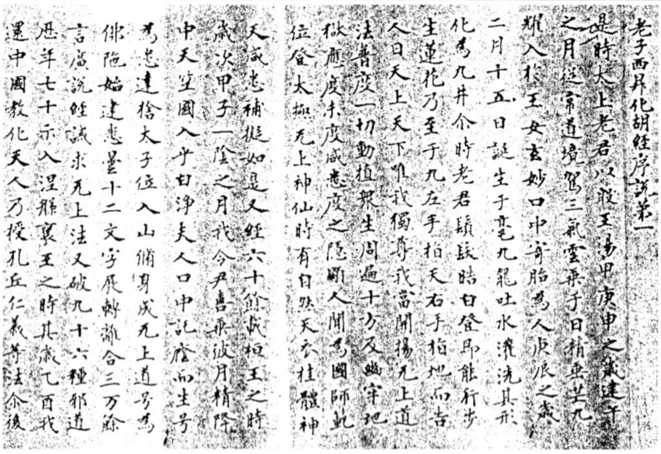

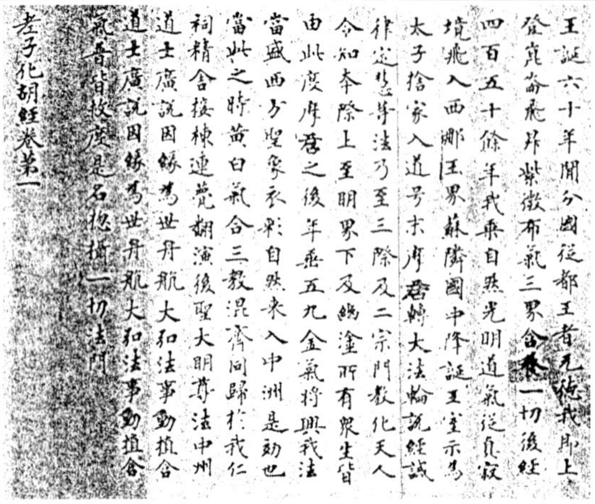

圖四　老子化胡經卷第二（S6963）

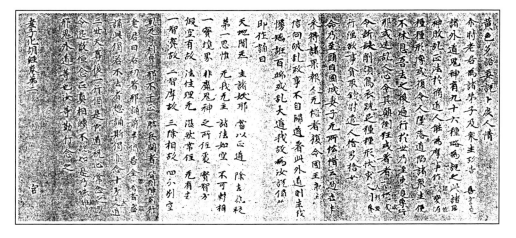

圖五　老子化胡經卷第十（P2004）

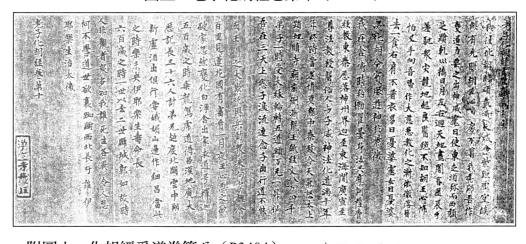

附圖六　化胡經受道卷第八（P3404）

附錄一：敦煌《老子化胡經》輯校清本

校勘體例

一、凡底本缺字、字跡模糊、破損、無法辨識者，一律以缺字處理。

二、凡缺字用□表之，缺若干字即用若干□，不能確定所缺字數者，則用 ▭▭▭▭表之，而在校記內註明約缺多少字。

三、凡缺字能據別本或上下文補足時，則直接補於〔 〕內，若據別本補足，則於校記內註明所據何本。

四、本文儘量保持卷子原貌不予改動，若有改動則依下列原則行之：

　　1. 俗字：如以挍爲校，以莭爲節等，手部木部，艸部竹部不分之字，一律加以改正。

　　2. 簡字：如体、尒、号……等，一律改爲體、爾、號等正字。

　　3. 如邪耶、惑或、支肢、以己等，同音通用字及形近而誤者，則保持原狀，而在字後加（ ）註明正確之字。

老子化胡經序〔校一〕 魏〔明帝〕〔校二〕

渾元未始，老君唯先〔校三〕。長〔於太初〕，〔冥昧之前〕。〔无〕師无祖，誕生自然。合真〔散朴〕〔校四〕。〔乃微乃玄〕。〔仰而〕攀之〔校五〕，耀乎霄乾。俯而循〔之〕〔校六〕，〔深乎淵源〕。〔敷二儀〕以布化，燭三光以列天。〔其性无欲〕，〔純粹精也〕。體虛抱素，妙難名也〔校七〕。撓之不〔濁〕，〔澄之不清〕。〔幽〕之不昧，顯之不榮。誰謂天高，〔懸象可標〕。〔誰謂〕地厚，重泉可洮。然夫道也〔校八〕，標〔之不高〕，〔洮之不〕浚。物受其形，莫鑒其源。人稟〔其中〕，〔莫識其全〕。美哉乎道，追之彌遠〔校九〕，挹之彌沖。□□□□，□之彌崇。動之則行，靜之則止。開〔之則約〕〔校十〕，□□斯否。為萬物之宗，天地之始。吾〔欲書之〕〔校十一〕，〔非筆〕可紀〔校十二〕。吾欲體之，無形可擬。飄乎无外〔校十三〕，〔或沈或〕浮〔校十四〕。淪乎九潛，豪犛餘止。如響紀消。〔若雲除〕〔校十五〕。□水出火，探巢捕魚。比之於道，不足稱无。深愍後生〔校十六〕，託下於陳。為周柱史，經九百年。金身玉質，口方齒銀。額有參午，龍顏犀文。耳高於頂，日角月玄。鼻有雙柱，天中平填。足蹈二五，手把十文。无極之際，言歸崑崙。化彼胡域，次授罽賓。後及天竺，於是遂遷。文垂後世，永乎弗泯。

校 記

校一：本卷共有 S1857、P2007 兩卷，以前者爲原卷，後者爲甲卷。又《混元聖記》卷五引魏明帝製《老君化胡經讚》與本文大致相同，亦援以爲校，簡稱乙本。

校二：原卷前十四行下半段裂，甲卷亦缺前半，故本經序至「開之則約」之前，皆據乙本校補。

校三：「唯先」，乙本作「爲先」。

校四：「合眞」，乙本作「渝眞」。

校五：「攀之」原作「舉之」，據乙本改。

校六：「循之」，乙本作「察之」。

校七：「名」，乙本作「明」。

校八：乙本無「夫」字。

校九：「追之彌遠」以下八句，乙本無。

校十：據甲卷補。

校十一：據乙本補。

校十二：據乙本補。

校十三：「飄乎无外」以下十句，乙本無。

校十四：據甲卷補。

校十五：據甲卷補，本句疑缺一字。

校十六：「生」，乙本作「世」，似避諱改文。

校十七：「彼」，乙本作「被」。

校十八：「弗」，乙本作「不」。

老子西昇化胡經序說第一〔校一〕

　　是時太上老君以殷王湯甲庚申之歲，建午之月，從常道境，駕三氣雲，乘于日精，垂芒九耀，入於玉女玄妙口中，寄胎為人，庚辰之歲，二月十五日，誕生于亳。九龍吐水，灌洗其形，化為九井。爾時，老君鬚髮皓白，登即能行。步生蓮花，乃至于九，左手指天，右手指地，而告人曰：「天上天下，唯我獨尊，我當開揚无上道法，普度一切動植眾生。周遍十方及幽牢地獄，應度未度，咸悉度之。隱顯人閒（間），為國師範，位登太極无上神仙。」時有自然天衣挂體，神香滿室，陽景重輝。九日中，身長九尺，眾咸驚議，以為聖人。生有老容，故號為老子。天神空裏，讚十號名。所言十者：太上老君、圓神智、无上尊、帝王師、大丈夫、大仙尊、天人父、无為上人、大悲仁者、元始天尊〔校二〕。此後老君凝神混跡，教化天人，兼說治身中外法。百有餘載，王道將衰，殺戮賢良，枉害无數，忠臣切諫，反被誅夷，天降洪灾（災），曾无覺悟。如是數載，為周所滅。

　　康王之時，歲在甲子，示同俗官，晦跡藏名，為柱下史，師輔王者。至于昭王〔校三〕，其歲癸丑，便即西邁。過函谷關，授喜道德五千章句，并說妙真西昇等經，乃至太清上法、三洞真文、靈寶符圖、太玄等法，使其教授至精仁者羽化神仙，令无斷絕，便即西度。經歷流沙，至于闐國毗摩城所。爾時，老君舉如來節，招諸從人。倏忽之間，有赤松子、中黃丈人、元始天王、太一元君、六丁玉女、八卦神君、及龍虎君、功曹使者、金乘童子、惠光童子、天官地官、水官空官、日官月官、山官海官、陰官陽官、木官火官、金官土官、五岳四瀆〔校四〕、諸神等君、天丁力士、遊羅將軍、飛天神王、仙人玉女、十萬餘眾，乘雲駕龍。浮空而至。於是老

君處于玉帳，坐七寶坐，燶（焚）百和香，散眾名花，奏天鈞樂，諸天賢聖，周匝圍遶，復以神力召諸胡王，无問遠近，人士咸集。于闐國王乃至朱俱半王、渴叛陀王、護密多王、大月氏王、骨咄陀王、俱蜜王〔校五〕、解蘇國王、拔汗那王〔校六〕、久越得犍王〔校七〕、悒怛國王、烏拉喝王、失范延王、護時健王〔校八〕、多勒建王、罽賓國王、訶達羅支王、波斯國王、路勒國王、碎葉國王、龜茲國王、拂林國王〔校九〕、大食國王〔校十〕、殖臘國王〔校十一〕、數漫國王、怛沒國王〔校十二〕、俱藥國王、嵯骨國王、曇陵國王、高昌國王〔校十三〕、焉耆國王、弓月國王、石國王〔校十四〕、瑟匿國王、康國王、史國王、米國王〔校十五〕、似沒盤國王、曹國王、何國王、大小安國王、穆國王〔校十六〕、烏那葛國王、尋勿國王、火尋國王、西安國王、大秦國王、舍衛國王〔校十七〕、沒羅奈國王、帝那忽國王、伽摩路王、乾陀羅王、烏長國王〔校十八〕、迦葉彌羅國王、迦羅王、不路羅王、泥婆羅王、熱吒國王〔校十九〕、師子國王〔校二十〕、拘尸那揭羅王、毗舍離王、劫毗陀王〔校二十一〕、室羅伐王、瞻波羅國王、三摩咀吒王〔校二十二〕、烏荼國王〔校二十三〕、蘇剌吒國王、信度國王、烏剌尸王〔校二十四〕、匟利國王、狗頭國王〔校二十五〕、色伽栗王〔校二十六〕、漫吐嘎王〔校二十七〕、泥拔國王、越底延王、奢彌國王〔校二十八〕、小人國王、軒渠國王、陀羅伊羅王、狼揭羅王、五天竺國王〔校二十九〕、如是等八十餘國王及其妃后〔校三十〕，并其眷屬，周匝圍遶，皆來聽法。爾時，老君告諸國王：「汝等心毒，好行煞害，唯食血肉，斷眾生命。我今為汝說《夜叉經》。令汝斷肉，專食麥麵，勿為屠煞。不能斷者，以自死肉。胡人很戾，不識親路，唯好貪婬，一无恩義。鬚髮拳鞘，梳洗至難。性既羶腥，體多垢穢，使其脩道，煩惱行人。是故普剔除鬚髮，隨汝本俗，而依氈裘。教汝小道，令漸脩學，兼持禁戒，稍習慈悲。每月十五日，常須懺悔。又以神力，為化佛形，騰空而來，高丈六身，體作金色。面恒東向，示不忘本，以我東來，故顯斯狀，令其見者，發慈善心。汝等國王，所有朝拜，一像（向）吾面。東向政事。

　　如是不久。過蔥嶺山，中有深池，毒龍居止。五百商旅，宿於池濱，為龍所害，竟不遺一。我遺其國，渴叛陀王傳祝與之，就池行法，龍王恐佈（怖）。乃變為人謝過，向王請移別住，不復於此，更損人民，令後往來，絕其傷害。

次即南出，至于烏場，遍歷五天，入摩竭國。我衣素服，手執空壺，置精舍中，立浮屠教，號「清淨佛」，令彼刹利婆羅門等而奉事之，以求无上正真之道。歷年三八，穆王之時，我還中夏，使入東海，至于蓬萊方丈等洲，到於扶桑，暫過大帝之所〔校三十一〕。校集仙品，稱位高下。又經八王，二百餘載，幽深演之時，歲次辛酉，三川震蕩，王者將亡；數遭百六，非人可制。我更西度，教化諸國。次入西海，至于聚窟流麟等洲，總召十方神仙大士及初得道地下主者并未授任遊散仙人、至孝至忠適經歷度者，如是等輩八萬餘人，校量功德行業輕重，授其職位：五等仙官、二十七品仙真、上聖岳瀆三天，咸悉補擬如是。

又經六十餘載，桓王之時，歲次甲子一陰之月，我令尹喜乘彼月精，降中天竺國，入乎白淨夫人口中託廕而生，號為「悉達」。捨太子位，入山脩身〔校三十二〕，成无上道，號為「佛陀」。始建悉曇十二文字，展轉離合三萬餘言，廣說經誡，求无上法。又破九十六種邪道。歷年七十，示入涅槃〔校三十三〕。

襄王之時，其歲乙酉，我還中國，教化天人，乃授孔丘仁義等法。爾後王誕六十年閒（間），分國從都，王者无德，我即上登崑崙，飛昇紫微，布氣三界，含養一切。後經四百五十餘年，我乘自然光明道氣，從真寂境飛入西那玉界蘇鄰國中，降誕王室，示為太子。捨家入道，號「末摩尼」〔校三十四〕，轉大法輪，說經誡律定慧等法〔校三十五〕，乃至三際及二宗門，教化天人，令知本際，上至明界〔校三十六〕，下及幽塗，所有眾生，皆由此度。摩尼之後〔校三十七〕，年垂五九〔校三十八〕。金氣將興，我法當盛，西方聖象衣彩自然，來入中州是效也〔校三十九〕。當此之時，黃白氣合，三教混齊，同歸於我。仁祠精舍，妄棟連甍。翻演後聖大明尊法；中洲道士，廣說因緣，為世舟航，大弘法事。動植含氣，普皆救度，是名「總攝一切法門」。

老子化胡經卷第一

校　記

校一：本卷與《經序》連接下來，故亦以斯一八五七為原卷，伯二〇〇七為甲卷。又
　　　文中內容《猶龍傳》、《混元聖記》或有提及，亦援以為校，前者簡稱為丙本，

後者簡稱爲乙本。

校二：自所言十者以下數句丙本作：「一號無名君、二號無上老人、三號太上老君、
四號高上老子、五號天皇大帝、六號玄中大法師、七號有古先生、八號金闕帝
君、九號太上高皇、十號虛無大眞人。」

校三：「昭」，甲卷作「照」，當以「昭」爲是。

校四：「瀆」，甲卷作「續」，當以「瀆」爲是。

校五：「蜜」，丙本作「密」。

校六：「拔」，丙本作「枝」。

校七：「犍」，丙本作「健」。

校八：「健」，丙本作「健」。

校九：「林」，乙本作「棽」。

校十：「食」，丙本作「石」。

校十一：「膩」，乙丙本皆作「賦」。

校十二：「怛」，甲卷作「恒」。

校十三：乙本無此國。

校十四：同校十三。

校十五：「米」，乙本作「采」。

校十六：「穆」，乙本作「穆護」。

校十七：「舍衛」，乙本作「舍衛摩竭提」。

校十八：「長」，乙丙本皆作「萇」。

校十九：同校十三。

校二十：「師」，乙本作「獅」。

校二十一：「毗陀」，丙本作「比他」。

校二十二：「咀」，乙本作「怛」。

校二十三：「烏茶」，乙丙本皆作「嗚茶」。

校二十四：「刺」，乙本作「利」。

校二十五：同校十三。

校二十六：「色伽栗」，丙本作「伽栗」。

校二十七：「嗢」，乙丙本皆作「漫」。

校二十八：「奢」，乙本作「賒」。

校二十九：「五天竺」，乙本作「天竺」。

校三十：丙本除無校十三、十四、十九、二十五之四國外，又補入條支，安息、臨倪
等國。

校三十一：「大」，甲卷作「太」。

校三十二：「身」，甲卷作「道」。

校三十三：「入」，甲卷作「人」。

校三十四：「我乘自然光明道氣」至「我法當盛」之間文字，編號斯三九六九之《摩尼光佛教法儀略》（簡稱《儀略》引之，全文請參見第二章第三節）。「尼」，原本作「君」依甲卷及《儀略》改。

校三十五：「誡」，《儀略》作「戒」。

校三十六：「至」，《儀略》作「從」。

校三十七：同校三十四。

校三十八：《儀略》自此以下文字，本卷無，引之如下：「我法當盛者，五九四十五，四百五十年，教合傳於中國，至晉太始二年正月四日乃息，化身還歸眞寂，教流諸國，接化蒼生。」

校三十九：「州」甲卷作「洲」。

〔老子化胡經卷第二〕〔校一〕

〔第一外道名「鬱遮羅」，有□□□□鬼神以為眷屬□□□□。

第二外道名「差法智南富」，有□□□□鬼神以為眷屬□□□□。

第三外道名「倮形」，有□□□□鬼神以為眷屬□□□□。

第四外道名「熱灰身」，有□□□□鬼神以為眷屬□□□□。〕〔校二〕　羅□□□□□□□□□□□□□□□□□不二千□□□□□□□□□□□□□□□作師子吼，詐行慈善□□□□□□□□□心供養。

第五外道名「少〔子騫〕」〔校三〕，〔有〕□□□□□百鬼神以為眷屬，著人□□□□□□□□煞害，見者生瘡，切筋入□□□□□□□□罪。

第六外道名「〔賓頭盧〕」，〔有〕□□□□〔鬼神以〕為眷屬，慳貪□□□□□□□□□□□啟告，著人之時，令人疾病。

第七外道〔名「遮護神」〕，有八萬七千〔鬼神〕以為眷屬。并侯照神、□□□神、此等諸神。若脩定時，作白骨觀，□□□□，入定則止。

第八外道名「□□到見」，有五□□鬼神以為眷屬，好著□□□□□□□□□者，能使和柔；善忍辱，者能命□□。

〔第九外道〕名為「信行」。有十萬鬼神以為眷屬，能□□□為惡，惡者增長，見者即病。形如師子，□□□獸，入人身中，作神鬼語。

第十外道名〔為「邊見」〕。有五萬三千鬼神以為眷屬，遊行世〔間〕，□□疫氣，住忏黃疸，手足疼痹，令□□□，□□□俗。

第十一外道名為「見到」。七萬二千五〔百鬼〕神以為眷屬，行處无益，化人為惡，亦說諸法苦空无常，示教眾生誡定慧法，說寂滅樂，有无二邊，无想无我。令邪慧解，見聰明相，得禪得果，亦得解脫及无漏智。

第十二〔外道名為〕「空見」，有二千五百鬼神〔以〕為眷屬，□□□□是常无常，言无相智，佛性身中，何需外求，□自供養心中真佛。

第十三外道名為「虛空」，有三萬六千鬼神以為眷屬，能令入定，節節火然。自然瀆經，不需世閒（間）文字章疏。久久生心，顛狂癡騃。

第十四外道名「不遮護」，〔有〕□□□十鬼神以為眷屬，善巧方便，作□□□□，□作唱言，无次第，嗔喜不定，食无多少，猶如餓鬼。

第十五外道名為「首羅」，有二千八百鬼神以為眷屬，好習外化諸餘佛道，能作菩薩帝釋天形，持諸餘食與入定人，七日而死。

第十六外道名「空亂者」，有二〔千〕五百鬼神〔以〕為眷屬，能亂道法，在在處處皆作亂想。□□□□脩定，所作福處，皆能惱亂。

第十七外道名「梵缽賒」，有三萬二千鬼神以為眷屬，多行邪法，壞正真道，若睡若寤，作諸鬼形，或婦女形，妖竗（物）或（惑）人，令其心退。

第十八外道名為「洪照」。有三百鬼神以為眷屬，此鬼善作陀羅□□□種歌唄，六時行道，遊行世閒（間），惱亂行者，精□退失，憂惱不樂。

第十九外道名為「普安」，有三萬一千鬼神以為眷屬，在天為天魔，在世閒（間）為外道，使鬼交戰，乃至乾闥婆、阿脩羅、夜叉、鳩槃荼、羅刹鬼等，見入定人漏盡斷，或恐怖失性。忘其正念。

第二十外道名為「張世」，三千七百鬼神以為眷屬，此鬼著人，狀似風狂。作師子吼，令人失氣，手中出香，誦陀羅尼，得那解智，說空三昧，无相三昧，承虛論議，愚謂真佛，此神預知他心之事，卻語眾言：「欲有惡人壞

我正法。」

第二十一外道名為「无相」，有五千八百鬼神以為眷屬，此神著人，乍哭乍啼，或歌或舞，能作天王帝釋之法。所住之處，多有毒蛇。又自剋期，得道之日，若隨去者，必死不疑。

二十二外道名為「真帝」〔校四〕。有五萬三千鬼神以為眷屬，此神論議，无能當者，著人之時，作沙門像，持衣缽等，遊行世閒（間），亦作神廟諸佛形像。此神化人，令入邪道。

第二十三外道名為「梵音」，有七萬七千鬼神以為眷屬，能轉人心，不信者信邪覺觀智，脩習禪定，亦令布施。能斷他道，壞人善根，敗亂正法。時諸僧尼入禪三昧，忏入耶（邪）罔。常隨黑闇天智之者，呼為「正真」。

第二十四外道名曰「宗明」，有二千鬼神以為眷屬，此神在世名都部將使，常居山澤，亦號「山神」，亦名「林主」，若斬伐者，皆不免害。脩道之人，常持四規明鏡自照，以絕妖妠（物）。

第二十五外道名為「大祅」〔校五〕，有一萬鬼神以為眷屬，著人之時，唯燒甘草，供養火具。

第二十六外道名為「廣學」，有二千八百鬼神以為眷屬，入人身中，猶若風狂；詐稱法師，與人論議。身長丈二，目有三角，爪長一尺，毛如豬鬣，若逢之者，无不喪命。

第二十七外道名為「清脩」，有四萬三百鬼神以為眷屬，所作事業，著青赤衣，乘金銀車，天女侍衛，或作鬼形、夜叉、虎狼、罔兩（魍魎）等形。

第二十八外道名為「講論」，有二千一百鬼神以為眷屬，專行腫節癲狂虐等。

第二十九外道名為「顯極」，有一千二百鬼神以為眷屬，此神在世，行飢渴病，无故諍訟，破和合眾，令人墜落水火深阬（坑）。

第三十外道名「阿脩羅」，有四千八百鬼神以為眷屬，善持兵馬，遊行世間，有善心者皆能壞之，令人容色變化无定，狀如脩羅，手足皆動，吹蠡打鼓，唱唄搖鈴。

第三十一外道名「舍依」，號「師子王」〔校六〕，有三萬二千鬼神以為眷屬，

入人身中，喜樂无常，四支（肢）沈重，煩怨澹〔□〕，欠欲不樂。

第三十二外道名為「憩駕女」〔校七〕，是象王神，有五萬三千鬼神以為眷屬，此鬼著人，身形班色，常皺眉語，或哭或歌，乍嗔乍喜。

第三十三外道名為「慧意」，有三千七百鬼神以為眷屬，此神在此，臥者皆起，行者即住，目見空中幡蓋形象，能轉人心，得自然食，善解三昧，一坐三日，每日誦經近逾千卷。

第三十四外道名「鳩摩匐那」，有三萬七千鬼神以為眷屬，若脩定時，此鬼即來為人說法，見男見女，為禽為獸，若喪門，若婆羅門，若摩（魔）若梵，若自在天，釋提桓因，見梵音相，誠定慧中，得空三昧，色无想定，若身輕舉，至于他方，若白骨觀，修五門禪、十二因緣、四念處、四正勤、四如意足、五根五力、七覺分、八聖道、三空、四真諦，是為神說鬼著，見種種形：狐狸雞犰、夜叉、鳩茶布恒、那畢舍遮、羅剎、阿脩羅、半闍羅鬼，若二眼四眼、六眼八眼、十二眼，乃至百眼千眼、兩頭四頭、百頭千頭、百手千手、執持樂器，萬種音聲，〔銅〕頭、鐵頭、金頭、銀頭、銅嘴、鐵嘴、金嘴、銀嘴、或長一尺二尺，乃至一丈，手足亦爾。銅爪鐵爪，或員（圓）或方，或尖或岐，神為說法，鬼為怖人，脩定見之，戰慄流汗，氣息欲斷，誦祝去之。

第三十五外道名「梵摩闍羅」，有五萬八千鬼神以為眷屬，其神能作種種形狀：禽獸草木、日月參辰、山川河海、種種神祇蟲獸，音聲言語等事。

第三十六外道名「網旃陀羅」，有八萬六千鬼神以為眷屬，能見種種色像，端正醜陋，乍大乍小，一切禽獸草木等形。

第三十七外道名「那羅延」，有九萬三千鬼神以為眷屬，此之鬼神，有大力勢，令人心想種種生疑，聞善不信，聞惡多喜，能勸他人生不善心，無誠定慧，令人狂亂，垂涎吐沫，狀似顛人，久久不侍，必當狂死。

第三十八外道名為「干（乾）炭」，有七萬三千鬼神以為眷屬，多有方便，多觸惱人，狀如鬼神，或作海神、龍蛇、鳥獸、五道之神，發動三毒。脩定之人見是事已，謂是真佛出法教化，失其定心。世人見之，謂為化佛，禮此神耳，被其化言，勤行禮懺；當授汝法他心智、无礙智、漏盡正觀，无師獨悟，斷絕煩惱。勤行精進，當得无上正直之道。汝行大空，无怨无

親，无彼无我，无男无女，一切色无像无想，推空達觀，見空、行空、身空，觀一切因，像空，諸法皆空，於脩定中，不淨觀法，四大觀法，於其中閒（間），得自在定，汝以自得解脫，更勤精進。不久成道，出大深泥，度大海水，得到彼岸，无因无果，无繫无縛，无有對治，誰繫此業，業不生果，果不生業，果業不生，以不生故，常樂我淨。唯有空法，是空性因緣，中无我故，中道涅槃空故，眾多因緣，一切歸空。

第三十九外道名「麴狀摩」，有七萬五千鬼神以為眷屬，多諸方便，種種幻化，變女為男，轉男為女，二根多根，男面女身，女面男身，或為畜生。脩定之人，得淨之心，或入火光三昧，或入水光三昧，或得如意慈三昧，得大空三昧，或得如想三昧，如是等種種三昧。皆是外道鬼神之所幻或（惑），非真實也。

第四十外道名為「睒摩」〔校八〕，有八萬三千鬼神以為眷屬，能為女物，不自覺知，嗔慢嫉妒，不可捼觸，亦善諂諛，似鬼神形，令人邪見，不信罪福。

第四十一外道名「摩醯首羅」，有一萬三千鬼神以為眷屬，此神能以種種偈誦諸法，空定、无相定、金剛定、自相定、无因无果法、乘空法、誡行法、染法、諸欲法，煩惱滋多，五益纏縛，煩惱識想、无義想、觀空无我想、言持者何所利也。

第四十二外道名「析羅神」〔校九〕，有三萬六千鬼神以為眷屬，遊行世閒（間），所不作者，皆能為之。入人身中，乍寒乍熱，或嗔或喜，或笑或歌。

第四十三外道名「拔闍羅」，有七萬七千鬼神以為眷屬，能往六欲諸天，作諸過患。又作男女形象，入人夢交，能作萬類鬼神形像。

第四十四外道名「遮文荼」〔校十〕，有一千鬼神以為眷屬，其神黃色四牙，食諸血祀，能治鬼神病，喜能媚人。持其祀者，死人（入）其黨，无有出也。

第四十五外道名為「尼藍」，有七百鬼神以為眷屬，其神青色，能治鬼病。受其法者，便入邪道，善為祝咀（詛），敗人善根。

第四十六外道名「商羯羅」〔校十一〕，有七百鬼神以為眷屬，此神天王，善

說因緣小乘法門，能使立破，或亂人心事，畢竟不免墮於地獄。

第四十七外道名「央俱施」〔校十二〕，有七百鬼神以為眷屬，此神善治一切鬼病，持其祝者，能縛病人，身滅之後，魂屬其部。

第四十八外道名「摩利支」，有八百鬼神以為眷屬，是神女身，兼有使者，常行目前，無人能見，持其法人，亦能持病，蓋是邪法，非正道也。

第四十九外道名「阿吒薄俱」，有五百鬼神以為眷屬，此神著人，有大力勢，能除鬼病，善傾倒人，入其法門，為邪所攝，不見正道。

第五十外道名「彌施訶」，有一千二百鬼神以為眷屬，入人身中，若行五欲，說殺生得罪，能治眾邪，久事之者，令入邪道。

第五十一外道名為「摩底」，有六百鬼神以為眷屬，身作赤色，能治鬼病，獨用威力，不與眾同，持其祝者，轉落邪道。

第五十二外道名「那俱跋羅」，有一千鬼神以為眷屬，其神能轉諸天形象，若竹若木，或泥或石，或金或銅，作諸像者，皆能倒之。

第五十三外道名「趙神鬼」，有六萬二百鬼神以為眷屬，此鬼神說言十二時齋，我受婆羅門法，槽中一食衣足蓋形不畜長也。

第五十四外道名「缽健提」〔校十三〕，有五千三百鬼神以為眷屬，令人猶豫，捉心不定。

第五十五外道名「鳩留伽闍」〔校十四〕，有二千鬼神以為眷屬，若脩定者，即來惱人，或作天身，或作佛身，或菩薩形，自在天形，或作六親眷屬形乃至王難官府說法，令人煩惱，失道心定。

第五十六外道名為「光照」，有三萬鬼神以為眷屬，遊行世開（間），與脩定人作諸留難，令人短氣，顏色異常，或復能食，不知飽足。

第五十七外道名為「威嚴」，有二萬鬼神以為眷屬，此神嫉妒，見他利養，及得財物，寧自眼瞎，不忍見之。

第五十八外道名為「洪廣」，有二十七萬五千鬼神以為眷屬，此神欺誣詐諂，曲規利多諸種病，貪鬼，嗔鬼，淫鬼，慢鬼，妒鬼，謗道等鬼，種種不利。

第五十九外道名為「迴向」，有二十萬六千鬼神以為眷屬，見人善事，即生

誹謗。

第六十外道名「毗曇脩多羅」，有二十萬八千鬼神以為眷屬，脩定慧，真實无二，能去煩惱，无愛无癡，无縛无解，有八塵勞所不能污，若乞食時，從一至七，若過此者，无有是處，出家之人，二指食飯，亦說罪波逸提等。

六十一外道名為「振威」，有七萬九千鬼神以為眷屬，隨逐婦女，遊行世閒（間），善行祝術，令人怖畏。

第六十二外道名「闞楊白」〔校十五〕，有七千八百鬼神以為眷屬，若入定時，喜喚人名，或見低身婦女污路，或見天人天女伎樂。

第六十三外道名「自在廣博嚴淨」，有七萬六千鬼神以為眷屬，常伺世人長短之事，令人多睡，或作野狐，或時耳中聞種〔種〕□聲。

第六十四外道名「伎毱道」，有十萬九千鬼神以為眷屬，令人著耶（邪），聞雜香臭，自言得道，作上行人，便即犯誡。

第六十五外道〔名〕「求那拔那」，有三十萬八千鬼神以為眷屬，□□色相具足，行步之時，唱言阿兊菩薩，觀世音菩薩，虛空藏菩薩，以誑世人，令人（入）邪道。

第六十六外道名為「依真」，有三十二萬鬼神以為眷屬，著人之時，遍身體癢，或痛生瘡，或復頑痺，心腹脹滿，喉塞舌痛，或多惡夢。

第六十七外道名為「得爽」，有二十萬五千鬼神以為眷屬，令人多慈，作神作聖，其狀似胡，或如婦女，發言怡悅，或復纍玃，外示精進，實无善心。

第六十八外道名為「明練」〔校十六〕，又二十萬四千鬼神以為眷屬，自稱調御丈夫，天人師，遊行世閒（間），滅人善心。

第六十九外道名「葛壞衣」，有四十萬鬼神以為眷屬，亦行禪定，愚者謂佛，大致供養。

第七十外道名為「尼利」，有四十二萬鬼神以為眷屬，詐為邪善，能令男女種有漏業，生死根藏，日有增長，墜落无窮，未有出期。

第七十一外道名「高望提」，有二十萬四千鬼神以為眷屬，能令著者說陰陽界，普廣嚴爭，脩定无礙，於利養財物，如奪己命，凡所食噉，與豬狗无

異。

第七十二外道名「阿求那」，有四十萬八千鬼神以為眷屬，威猛各部，遊行世聞（間），號為「禪師」，不斷煩惱，所有說議，便說斷見，言无自為，朋黨四部弟子，各教禪淫；瞋多者令不淨，作是觀者，教令勤心。

第七十三外道名「騰空道畏」，有二十萬三千鬼神以為眷屬，此鬼毛羽猶如鐵色，縱暴世間，脩定之人，神來之時，謂呼得定，是善入空，凝然不動；或從空起，乍歌乍舞，鬼氣遍心，令其戰（顫）動，或作諸病，不令入道。

第七十四外道名「弗沙莫沙」〔校十七〕，有二十萬三千鬼神以為眷屬，令人風冷，或作狂顛，或失音，或身腫。

第七十五外道名「那健陀」，有二萬三千鬼神以為眷屬，入人身中，輕舉健行，多愁惱，喜瞋恚，漸漸增長，終能致命。

第七十六外道名「婆摩智那」，有四十萬鬼神以為眷屬，脩善之處，皆悉能壞，為菩薩像，若一若二，及至无量，以或（惑）世人。

第七十七外道名「尼連旆」，有四十萬鬼神以為眷屬，此神專為菩薩形像，為人說法，為魔事所縛，作魔眷屬。

第七十八外道名「頗梨頗」，有四十萬鬼神以為眷屬，初行精進，後便懈怠，入人身中，生大誹謗，又復嘿然，其所論議，或發聲言：「我今休息，諸法虛妄，无有一實。」於是中作諸猖狂，无有羞恥。

第七十九外道名「道利道」，有四十萬鬼神以為眷屬，雖有道名，不多造惡，獨守一志，清潔梵行，於大道中，无所妨也。

第八十外道名「阿扇旆帝」，有八萬四千鬼神以為眷屬，其神儒雅，不阻道法，各自脩善，不相侵嬈。

第八十一外道名「空解大道」，有八萬四千鬼神以為眷屬，能令眾生為競訟，所為念定，皆失无餘，善守境者，乃得脫耳。

第八十二外道名為「妒神」，有七萬五千鬼神以為眷屬，入人身中，作諸事業，皆言上勝，无多造惡，不破壞人所作行業。

第八十三外道名為「道堅」，有四十萬鬼神以為眷屬，不殺生，无瞋怒，於

彼於此，等无差別，皆是不思議力，非世閒（間）也。

第八十四外道名為「到行」，有八萬九千鬼神以為眷屬，有威德神通，變化无量无邊，大度眾生，不思議也。

第八十五外道名為「梵意」〔校十八〕，有九萬九千鬼神以為眷屬，處處施化，示見雜食。

第八十六外道名為「大豐」，有七千七百鬼神以為眷屬，唯逐女婦有善心者。

第八十七外道名為「超空」，有九萬二千鬼神以為眷屬，於黃昏時，遍房惱觸坐臥行人，令其驚恐。

第八十八外道名為「善女天」，有一萬鬼神以為眷屬，名（各）自行道，不相參合，其性柔軟，每順大道。

第八十九外道名「玄通太虛」〔校十九〕，有七千鬼神以為眷屬，此諸鬼神，於道中出入行來，不覺不知，與眾和合，常聽說法，飲食節度，一如常法。

第九十外道名為「戎角」〔校二十〕，有七千八百鬼神以為眷屬，其神質直，不橫侵擾。

第九十一外道名為「曠賢」，有一萬九千鬼神以為眷屬，多諸方便，持齋禮拜，唯能知他，而不自知。

第九十二外道名「燈分化」，有三萬二千鬼神以為眷屬，居道法中，染行相似，四眾合和，无能分別，所說空法，不可信盡。

第九十三外道名「阿囉囉吒」，有二萬一千鬼神以為眷屬，其神廣德，常居海邊，大施眾生飲食湯藥及以床榻供養之具。

第九十四外道名「阿盧至」，有七萬三千鬼〔神〕以為眷屬，旃頭首檀，如无差等，次轉五情、諸根總變，凝然自在，住不退地。

第九十五外〔道〕名「照明五瞿」，有少鬼神以為眷屬，其神微妙，有大功德，不可稱量，乃照无色世界。

〔第九十〕六外道名「殷阿旃陀利」，有九十萬八千鬼〔神〕以為眷屬，四眼白眉，作師子吼，將領女□，□作法事，无人能見。此鬼著時，或赤白□，□□黃色，多語妄說，卜度人情。

　　爾時老君為諸弟子及眾生故，告〔尹〕喜言是諸外道鬼神有九十六種，略為說之。此諸鬼神，敗亂正法，於脩道人，能為摩（魔）事，作諸變怪種種形像。或復令人墜落道陷，諸眾生便不休息。吾去之後，遍行於世，乃至東夏，專行邪或（惑），迷亂人心，令其顛倒狂或（惑），著者不悟。或令其斷髮削鬚，烏衣跣足，種種形狀，求人利養，行淫欲事，貪取錢財，遣人捨男捨女，□□□命。乃至頭目國城妻子，无所惜。云過去未來，得諸果報，人无悟者，復令國王帝主。□□信向，破亂政事，不自歸道。著此外道，則生我慢，矯誑百端，或（惑）亂大道，我故為汝說偈□□，即作誦曰：

天地開炁	生諸妖耶（邪）	當以正道	除去炁祲
第一思惟	无我无主	諸法如空	不可轉相
一實境界	非魔鬼神	之所住處	實智方□
假空有故	法性理无	湛然常住	无有去□
一智實故	二智摩故	三除相故	四分別空
乾元亨利貞	邪不干正	臨兵鬥者	皆列陣前行。

　　老君曰：「若初著邪，誦前半偈。若全著者，盡誦此偈。若不去者，總誦斯偈。亦念十方大道、三世天尊。後一行偈，是常道祝。心常念之，勿令退散。恒念正真，相續不絕。如是乃能經者邪鬼外道等也，汝等勤行念之。」

老子化胡經卷第二

校　記

校一：本卷編號斯六九六三，標題據尾題補，文中九十六外道名《猶龍傳》曾引錄，故援以校補，簡稱甲本。

校二：據甲本及上下文意補之。

校三：第五外道名至第七外道名及第十外道名，皆據甲本補。

校四：「帝」，甲本作「諦」。

校五：「祲」，甲本作「拔」。

校六：「名為舍依號師子王」，甲本作「舍依師子王」。

校七：「憩駕女」，甲本作「神憩駕女」。

校八：「睒」，甲本作「睒」。

校九：「析羅神」，甲本作「跋析羅神」。

校十：「荼」，甲本作「茶」。

校十一：「羯」，甲本作「揭」。

校十二：「俱」，甲本作「拘」。

校十三：「健」，甲本作「健」。

校十四：「闍」，甲本作「闍」。

校十五：「闍楊白」，甲本作「藏揚自」。

校十六：「練」，甲本作「鍊」。

校十七：「弗」，甲本作「佛」。

校十八：「意」，原卷作「音」據甲本改。

校十九：「玄」，甲本作「元」。

校二十：「戎」，甲本作「我」。

〔老子〕化胡經受道卷第八〔校一〕奉勅對定經本

〔老子〕曰：「吾本行道，天柱未立，日月未分，星宿□□，未有參辰。天无南北，地无東西，人有形□，心有六府（腑），心神不能名，物體性專，貌亦□□，君臣列位，父子之親，夫妻禮義，朋友周旋，吾在其中，騰擲精神，分明日月，整理星辰，修立天道，四氣五行，配當陰陽，列注山川，安人六府（腑），初立精神，精神既定，行禮修文，君臣父子，於茲而行，赫胥啟統，造化之元，心兇頑野，不識至真，統領天地，亦无師人，體性強直，无行諮詢，喜則順理，瞋則煞人，亦无法律，師意所行，違天逆理，災氣流行，或及王身，或及臣身，故不醒悟，守迷意堅，吾為作變，非玄通所聞，雷出青天，雨沙礫石，旋周柱天，白日晝昏，魚飛翩翩。」國王怖怕，仰喚倉（蒼）天，天玄遼遠，地亦幽深，所喚空廓，心腹憮然，橫行无道，害煞臣民，朝則五百，夕則五千，生民擾擾，守死萬千，行攻墮淚，亡失精神，國王懊惱，寢計不言，布告國內，推覓聖人，吾乃出見，與王相聞，王曰：「君是何人？」老子曰：「吾是萬歲小童，千歲老人，髮白更黑，齒搖更堅，長生无極，出於自然。腦髓能補，皮膚更鮮。室室家眷屬，有一萬七千。亦不田力，衣食自然；亦不樂貴，爵祿自天；亦不災衰，尋常靜然。」王曰：「君言奇異，非古非今，其至反覆，難可平論，吾聞：年多則老，年少則小，如君所論，懷抱有何由緣？白髮更黑，搖齒更

堅，轉老作少，皮膚更鮮，異哉！異哉！殊古邈今。君是天人之身，上古之神，道事淵深，曰遠曰玄，吾今聞之，不悶不昏，聽說遼遠，附口而甘。願與先生，深室而談，同車而載，遊涉萬方，朝聞慕老，不願寧康，先因何業，壽命延長？吐氣勃勃，逆風而香，身體容貌，殊姿異光。家眷大小不嬰災，願得聞之。」老子曰：「吾受道耳。」王曰：「道名何神？威力超然。何方何息？壽命長古。」老子曰：「奉道約身，壽命千年；約身奉道，不逢災考；練形受道，天地相保。神亦不遠，由王修造，天受道，日月明、雷雨行；地受道，山川生、百物榮；天子受道，民人滋、國土清。天不受道，日月不明；地不受道，草木不生、結果不成；人不受道，无恩情、災考生。是以有物之類，皆合道而生。」王曰：「天地受道，道有何形？」老子曰：「道也无形。元氣之精，或散或聚，出幽入冥，或出萬方，造化隨形，藏行匿影太清之閒（間）。」王曰：「巍巍之神，无復過焉。」老子曰：「道能經天序地，置立乾坤，盡出天道，安動山川，配適陰陽，列影星辰，二十八宿，各有名字，身或長九丈、或長一旬、或籠天合地、日月不明。或整理逆順、轉死易生、或呼召甲子、役使眾神。或吹歔寒暑、呼吸陰陽。」王曰：「蕩蕩大聖，天地之大神，願示法律，吾奉之焉。」老子曰：「太上者，萬物之所尊。上天為眾神之所祖宗，在地為萬國之師君。道是虛无難名之神，成功不名其效，救死不認其生。或居世界、或居九天、或在窅虛監視世間。順天者吉，毀聖者亡。或上歷九府，下入黃泉；濤演窅虛，无匹无倫；或嚴庄顯服，受度真賢；或上高匹首，為說死生；或蔽隱合口，與天地相畢；或坐喚六甲，集諸群仙；策使龍〔校二〕，布火乾坤；或縮地斷火，天地焦然。」王曰：「湛湛幽廓之闊深，巍巍乎滄海之瀰淪。」老子曰：「百億之祖宗，萬天之靈根。乾坤之所出，雲雨之所生。王能事之，風雨順之、鄰國不侵、臣忠子孝、國土長全。」王曰：「妙哉聖尊！天地之根，開論時俗，說合人心矣。」老子曰：「道身長丈六，金色照天，發言雷電，石劈山崩，或攝奸耶。考（拷）煞不仁。」王曰：「淵乎何道之深妙！巖巖乎，真為大神！」老子曰：「牽天挽地，走使星辰，驅馳日月，或東或西，一日六時，節度其間，冬溫夏暑，其神序焉。」王曰：「慚天之神，一代之君。」王曰：「先生內老外少，非今世之人，變形易聖，不示吾真，假道說化，天地投心，說文成行，快不可言，自非玄聖，道不可尊，聽不可猒（厭），披朝尋惟，夕衣不昏，吾雖寡漏（陋），預是國君，今得遭遇，與君相因，

經今積載，十有餘年，家口大小，恭奉君身，夙與（興）夜寐，不辭勞勤，望君感悟，屈神哀怜，見示好惡，治國平民，民无惡想，改故就新，民忠子孝，不侵害人，豈非聖人靈澤之恩？吾聞遇賢聖，前身有緣福力，接得見聖人，勿以寡薄，不為開明，伏願先生：垂愍哀矜，示以聖旨，可以咨承。」老子曰：「王大國君，育養群生，開通至教，表裏應明，捐棄王服，下問凡人，屈天覆地，何以荅恩？」王心遂悟，請問慇勤，膝行跪起，匍匐而言。王曰：「蓋聞聖者，不苦无无〔校三〕，見聖還隱，違地負天。」老子曰：「形餘腐朽，枯槁之人，外有枝條，裏无精神，空作无无，不稱來問。」王曰：「向者發跡見聖人，遶（繞）地匝天，經歷八荒，呼吸之間，預睹成敗，開解自然。吾雖不仁，苟是國君，天迴日運，典知萬乘，向君請問。靜然无言，懷聖置天，亦罔於吾。吾聞天高邈遠，向之无无，亦降靈屈神，雨澤幽沃，恩及群生，體質含耀，外樸明〔校四〕。自言終應，響對无窮，秘言不聖，何言而生？吾雖不敏，敬仰先生，伏願體練，為說道元。」老子遂謂胡王曰：「統國領民，无所稟承，瞋則與死，喜則與生，不求天謁地，何用問道之元！」王曰：「先生云道能傾天覆地，輪轉萬方，舉手動足，言合宮商，或深或淺，不可測量。是以吾今，敢不奉望？」老子曰：「蓋聞天子，非是常人，德廕萬物，行合乾巛（坤），開化天地，大國之君，君之有福，國土長全，寢甲休兵，萬國僉然，歸投王命，濟於人民，於民无福，國土覆淪，多嬰災難，毒及臣民。王宜神筭（算），奉道求生，身无災考，國嗣欣然，鄰國消服，奸惡不侵，王但叩心迫地，憑神杖靈，壽命永終，與天相傾。月不夜食，日不晝昏，死各以次，不夭天年。父不哭子，臣不謀君，王宜體之，尊道敬天，天能彌覆，地能植生，道能變通，戮倒邪精。」王曰：「大道寥廓，造化根元，移天易地，剖利星辰，舒張日月，普照萬天，運籌易筭（算），轉死定生，巍巍蕩蕩，无上正真。朝奉暮老，是吾宿心，中來沉溺，不遇聖人，建國造化，法古唯先，多嬰災禍，毒氣縱橫，雨少旱多，餓煞萬人，星辰青黃，白黑虛盈，五岳阬（坑）崖，河海水生，父子之道，骨肉之親，夫婦禮義，朋友周旋。」老子曰：「有天有地，乃有民人。賢愚相對，三才並行。日運天雨，血脈相連。天有南北，地有東西。陰陽相對，男女婚姻。婚姻既立，乃有君臣父子。唯有天地，不可得聞，上有金樓玉殿，鐵城火山。地有二十四獄，主者罪人，傳聞不見，道不至真。王若得知，須吾上聞。謁三十六天道主、百千萬重道君、太上皇老、

无極之尊，干忤神顏，與王問焉。」王曰：「以吾屈重，遠問聖人，吾是天子，道是天尊，能寒能暑，能死能生，願誓微信，縹繒黃金，為鄙國長對，委曲至誠。蓋聞言者不易，聽者亦難，天明无雪，日沒時寒，嬰龍煞人，侯色而言，憂未至死，聖不辭煩，天道遼迴，路難可經，吾有龍飛大馬，黃金作鞍，行不壞影，日涉三千，願與先生，乘此上天。」老子曰：「天道茫茫，不知根源，亦无阪蹬繩索可攀，飛鳥不通，馬安能行？吾才雖不敏，倏忽而還，為說天地青黃，泓然吞列日月，歷數虛盈，四時節朔，男女婚姻，五岳阬（坑）崖，河海山川，君臣父子，具釋王情。天王歡喜，咸稱萬年，不知何幸，遇值聖人，開通至教，表裏俱明，百節關孔，快不可言，盡來承受。慎未自停。老子曰：「擔愚匹聖，豈非逆天。」王曰：「舉國臣民，吾鑒之焉，今見相貌。挺智无邊，說微妙理，耳所未聞，開一天之道，九天盡明，金樓玉殿，鐵城火山，地下獄訟，罪人由緣，藏形隱聖，君子所鈞，願乞先生，哀愍无无，留神賜教，示以道元，朝聞夕隕，不願更生。今日拜請，明日復然，棄國逐家，委命先生，示以道形。為居何室？為在何天？身體長對，面目姿顏，威儀幾千？幾年一出？何時見身？左右侍從，斯是何神？」老子曰：「威儀相好，不可得論，大王聞之，逐國損身，家國大小，何所稟承？」王曰：「棄身求道，亦念於身，投湯赴火，不顧身形，伏願垂神，示以道要。」老子曰：「以王驕蹇，喜生退心，百陳取實，冰口不言，左右怪之，舉國愕然，有何不及，不允聖人？請召公臣，八百萬人，七日七夜，修齋湛然，開破獄門，不復煞人，剋肌剋骨，蕩滌心情，一言不至，不敢悔心，五身亦不動，口亦不敢言。」國王自咎，感激不言，方便布告。國中有意臣民，各誓信命，薄臣民運集，盡在殿庭，齊執金簡，兩手扶心，手持香火，顛倒吾前，叩頭數百，拜跪萬千歍而言，吾知心至，為說道根。

老子曰：「道有千二百形影，萬二千精光，七十二相，八十一好，朝入地戶，暮過天門。九龍負水，洗沐身行，九色班錯，金光照天，身長九丈，臣相无邊，面廣一丈二尺，上下齊平，頂有華髮，炎有光明，額有九千，目有九精，鼻有雙柱，耳有三門，足蹋二五，手捉十文，項有圓光，靚徹萬天，發言雷電，萬種音聲。在地為有古先生，在天為无名之君。周行八極，變化一身，窮神盡聖，唯道為尊，无極世界，五億諸天，論說經誡，開度愚聖，莫不從吾教化，以我為先開。王好道，致此殷勤，吾今去

矣，王其奉焉。胡王再拜請曰：「雲分雨散，重合无期。魚失於水，會未有時。聖人既別，劫載莫知，願得受道，永世奉持矣。」

老子曰：「吾昔受太上教，吾下戎域，教化諸國，出經說誡，依者幾人？我不為隱，但苦无心。」王曰：「伏聞大聖，以无上妙道，教化罽賓八十一國，皆依正真，吾今劣弱，未蒙樂慈，得遇大道，願示愚冥，使舉國男女，終世奉行。」老子曰：「吾中到加夷，其王好煞，淫奢无度，初不信真，反見陵辱。吾以左手把日，右手把月，藏於頭中，天地暝昧，不見光明，國人恐怖，莫知所依；吾又放頭中日光，明照天地，草木焦枯；復使四方上下，一時雷電，霹靂作聲，山飛山裂，人獸震驚，海水逆流，山川空行，白虹貫日，黑雲暗冥。迦夷國王、臣民男女，一時恐懼，遂舉國盟誓，我方為說法，開度天人。度國人、憂婆塞五百人作比丘，優婆夷五百人作比丘尼，令持妙誡。若比丘者，受二百五十誡；若比丘尼，受五百誡；若初發心者，受三誡；若服心者，受五誡；若如王者，受十八誡。若優婆塞優婆夷，能受三誡、五誡、十八誡者，誦之萬遍，長齋苦行，練誠持身，得清淨道果。所以名初發心者，謂始有善行之人；服心者，已伏情於法；優婆塞優婆夷者，迦夷國大兵眾，侵煞鄰國，奪人男女財寶，人皆忘之，相率於國，男立塞，使強兵防守；女人老弱，令在家中，胡名劫奪曰「劫叛婆」，故女子居家者，憂其男子在塞上為迦夷所劫奪傷煞，遂呼男為「優婆塞」；男子守塞者，憂其女子在家復為迦夷所劫奪擄略，呼女為「優婆夷」。比丘比丘尼者，乞求以行道也。吾又教剔除鬚法，赭衣偏袒，捧缽持錫，乞食而居，常持六齋之時禮拜，不得嫉妒慳貪，煞生婬慾，雖未證泥丸，亦得滅罪生天。王今受道，當行此法，亦得保護國內臣民男女永世休康。」王曰：「吾雖虫物微賤，亦願長生，永為至極，大聖弘慈，乞垂開悟。復聞有極樂之國，遠在西方，欲彼託生，可得以不？」老子曰：「有天地萬物一切人民，即有死有生，長生之道，最難最貴，皆須累劫種因，今身積行持齋，奉誡布施，慈悲行道誦經，方始可得。王先業惡，未得見聞。又極樂國者，在三清之上，長樂舍中，果成證道之處。忘心忘念，滅相滅神，不住有空，无為湛寂，常樂我淨，始得託生。常住湛然，不生不滅，无上正真之大道也。王今造次，可得生乎？」吾所以言在西方二百六十萬里有極樂國者，欲使諸國胡王伏道繫心於彼故耳，彼實无也。且西方之氣，獷惡凶戾，人多煞伐，不信正真，何得遐絕？更有聖人，吾特欲諸王歸道，故

發此言耳。王曰：「未知何處，定可託生？過去捨身，願彼安樂。」老子曰：「五方淨土，有快樂之處，可生死住持，王恒敬奉正真，即得隨心所願。」王曰：「惟乞大聖弘慈，賜見開悟。」老子曰：「佛者是弟子尹喜託身，一時教化，雖未至極，亦是聖人。王能奉事，持誠布施，令國民男女，可生快樂，死得託生。過去未來見存，皆獲福无量，王今信奉。」遂誡言：

第一戒者，先須捨離妻子，一生不妻不娶。

第二戒者，不得畜使僕隸下賤，及生惡心。

第三戒者，唯當剔髮削鬚，偏袒露肩，赤腳毀形易貌。

第四戒者，不得耕種，五穀麻麥黍豆，儲畜三升外，施人。

第五戒者，提缽乞食，若至七家，一家不得，必作七日虛齋。

第六戒者，三衣瓶缽，六物七筯，不得雜於他人，自用而已。

第七戒者，視地振錫，三步一彈指，十步一嚼噉，不得踏虫螘，損傷
　　　　物命。

第八戒者，身披偏袒，手貫散袖之衣。

第九戒者，蠶絲皮革，不得服也，布葛毛毼而已，若无可取，糞掃中
　　　　破衣，灰汁九過，浣度，然後納成，名曰納衣比丘。

第十戒者，常披壞色赭服之衣，勿著五色華麗之服。

第十一戒者，裙裾向前，不得跨履，高床廣屈，容身而已。

第十二戒者，法著縵袒紗被以為法，衣散福（幅）破袖之衣。

第十三戒者，偏袒右肩，合掌向師，心存太上，晝夜不息，即得仙道。

第十四戒者，不得坐於氈褥之上。

第十五戒者，單景獨宿，在於巖穴，莫棲於世。

第十六戒者，頭陀山林，禪定獨處，不得在世。

第十七戒者，一月三剔髮，一日三洗浣，必須香淨。

第十八戒者，比丘比丘尼，不得狡猾於物。

於是胡王合掌禮拜曰：「能持如戒，不敢有違。」老子又說三戒：「一者，師教勸化，皆不得違。二者，奉道不得中退。三者，信行聖言。又五戒者：一、慈悲萬物，不煞眾生，於諸含識，勿懷損害。二、身心清淨，不起邪欲，於諸男女，莫生色想。三、廣行施惠，救濟貧乏，於諸財寶，不生貪取。四、中平信實，不欺於物，於諸一切，生歸向心。五、永斷酒

肉，內外香芳，一切世間，尊卑不犯。受此戒者，生死護持，劫劫生生，
當盡一心，不退不轉，念念不絕，禮敬歸依，剋證真道。」胡王稽首，叩
頭唯唯，「願如戒脩行，上徹太上，照領丹心，使道備具，永享福祐。」爾
時老子乃說偈言。

吾先无先	生於无生	變化恍惚	出入窈冥
在世乘龍	依天御星	或聚或散	一濁一清
光分萬像	神洞百靈	先天布氣	後天長生
蕩蕩不測	巍巍難名	王期吾道	須盡至誠
吾登九天	上入三清	還歸於世	永念眾生

爾時老子偈訖，告諸眾曰：「我乘雲御氣，遊於八極之外，履行十方，
教化八十餘國，降伏九十五種邪道。或夏或夷，種種變見，或在火上，或
在水中，或作小身，或作大身，何種不涉？何種不經？何國不化？何世不
生？或儒或道，或仙或凡，傳經說戒，種種教道，示令開悟，一切眾生。
胡王既伏教戒，吾當遊於九天，時鬼谷等二十四真，隱影復還於周，唯喜
待吾矣。（下缺）

校　記

校一：本卷編號伯三四〇四，為一卷本，無相關資料可資校補。

校二：本句疑有缺文。

校三：无无，疑爲元元或元无。无元，因二字形似，難以辨識，下文之「空作无无」，
　　　「向之无无」，「道之元」（道之无）皆同。

校四：本句疑缺「內」字，原句當作「內外樸明」。

老子化胡經玄〔歌〕卷第十〔校一〕

我往化胡時，頭載通天威。金紫照虛空，焰焰有光暉。胡王心懱戾，不尊
我為師。吾作變通力，要之出神威。魘日使東走，須彌而西頹。足蹋乾〳〵
（坤）橋，日月左右迴。天地晝闇昏，星辰互差馳。眾災競地起，良醫絕
不知。胡王心怖怕，叉手向吾嗁。作大慈悲教，化之漸微微。落簪去一食，
右肩不著衣。男曰憂婆塞，女曰憂婆夷。化胡今賓服，遊神於紫微。

我在舍衛時，約來瞿曇身〔校二〕。汝共摩訶薩，齎經教東秦〔校三〕。歷落

神州界〔校四〕，迫至東海閒（間）。廣宣至尊法〔校五〕，教授聾俗人。與子威神法，化道滿千年。年終時當還〔校六〕，慎莫戀中秦〔校七〕。致令天帝怒〔校八〕，太上踏地瞋。寺廟崩倒漸，龍王舐經文。八萬四千弟子，一時受大緣。輪轉五道頭，萬无一昇仙。吾在三天上，愍子淚流連。念子出行道，不能卻死緣。不能陵虛空，束身入黃泉。天門地戶塞，一去不能還。雖得存禋嗣，使子常塞心。逆天違地理，災考加子身。神能易生死，由子行不真。三十六天道，終卒歸无形。

我身西化時，登上華岳山。舉目看崑崙，須彌了了懸。矯翼履清虛，倏忽到天西。但見西王母，嚴駕欲東旋。玉女數萬千，姿容甚麗妍。天姿絕端嚴，齊執皇靈書。誦讀仙聖經。養我同時姝。將我入天庭，皇老東向坐，身體皦然明。授我仙聖道，接度天下賢。

我昔西化時，登上華岳山。北向視玄冥，秦川蕩然平。漢少雜類多，不信至真言。吾後千餘年，白骨如丘山。屍骸路（露）草野，流血成洪淵。不忍見子苦，故作大秦吟。哀歎二十頭，以示通中賢。見機降時世，不值苦以辛。

我昔化胡時，西登太白山。脩身巖石里（裡），四向集諸仙。玉女擔漿酪，仙人歌經文。天龍翼從後，白虎口馳斷。玄武負鍾鼓，朱雀持幢幡。化胡成佛道，丈六金剛身。時與決口教，後當存經文。吾昇九天後，剋木作吾身。

我昔離周時，西化向罽賓。路由函關去，會見尹喜身。尹喜通窈冥，候天見紫雲。知吾當西過，沐浴齋戒身。日夜立香火，約勑守門人。執簡迎謁請，延我入皇庭。叩搏亦無數，求欲從我身。道取人誠信，三日口不言。吾知喜心至，遺喜五千文。欲得求長生，讀之易精神。將喜入西域，遷喜為真人。

我昔化胡時，涉天靡不遙。牽天覆六合，艱難身盡嬰。胡人不識法，放火燒我身。身亦不缺損，乃復沈深淵。龍王折水脈，復流不復行。愚人皆哀歎，枉此賢人身。吾作騰波㲲，起立上著天。日月頭上皦，光照億萬千。胡王心方悟，知我是聖人。叩頭求悔過，今欲奉侍君。伏願降靈㲲，怒活國土人。吾視怨家如赤子，不顧仇以（與）嫌。化命一世士，坐臥誦經文。

身无榮華飾，後畢得昇天。吾告時世人，三界里中賢。欲求長生道，莫愛千金身。出身著死地，返更得生緣。火中生蓮花，爾乃是至真。莫有生煞想，得道昇清天。未負即真信，喪子千金身。

我昔學道時，登崖歷長松。盤屈幽谷里（裏），求覓仙聖公。食服泥洹散，漸得不死蹤。九重〔石〕室中，得見不死童。身體絕華麗，二儀中无雙。遺我元氣藥，忽然天聖聰。

　　尹喜哀歎五首

尹喜告世人：欲求長生道，莫求時世榮。我昔得道時，身為關府君。一日三賞賜，雜綵以金銀。不以為己有，施與貧窮人。白日沾王事，夜便習靈仙。餐松冰苦柏，微命乃得存。精誠神明祐，守真仰蒼天。感得天地道，遇見老君身。難我以父母，卻遺五千文。秘室伏讀之，三年易精神。授我仙聖方，都體解自然。

我昔上九天，下向視玄冥。但見飛仙士，列翼影清天。朝宗九天主，太上皇老君。滌蕩六府中，受讀仙聖文。王喬得聖道，遊行五岳閒（間）。服炁食玉英，受（壽）命與天并。

昔往學道時，登岳歷高岡。動見百丈谷，赫赤道里長。有无極神炁，何以到西方。无以度赤谷，垂淚數千行。自念宿罪重，五內心摧傷。

我昔求道時，逕（經）歷數千崖。浮遊八荒外，徒跣身无衣。東過日出界，西尋清山累。足底重蹋生，手中把少微。道見西王母，問我子何歸。恥身不學道，意欲覓仙師。感我精誠至，乞我鞋以（與）衣。爾乃得學道，仙炁漸微微。父母怪我晚，晝夜悲嗥啼。大道與俗返，一往不復歸。高志日日遠，不覺心肝摧。雖得不死道，氣力甚微微。心精不退轉，今作天人師。

昔往學道時，蹤跡亦難尋。東到日出界，樹木鬱鬱深。南到閻浮提，大火燒我身。西到俱地尼，但見金城門。青龍堯（繞）城腹，白虎守城前。衝天金樓殿，太上居湛然。光影耀虛空，仙人絕端嚴。齊執黃卷書，口誦長生文。北向入玄冥，大水湛湛深。遶（繞）天數百匝，足底重蹋生。爾乃得仙道，把攬天地神。子能述吾道。白日得昇天。

　　太上皇老君哀歌七首

三十六宮主，太上皇老君。哀愍下世士，垂神教世賢。子欲脩冥福，先當體窈冥。生時得尊貴，不如過去榮。〔□〕（列）仙駕龍車，迎子遊清天。上登金樓殿，坐臥虛空閒（間）。行則飛仙從，威儀上柱天。朝登天東頭，暮到於天西。戲樂九天外，縱意極周旋。驅使役百鬼，總統於萬金。

吾哀世愚民，不信冥中神。恃力害良善，不避賢行人。馳馬騁東西，自謂常无前。善惡畢有報，業緣須臾閒（間）。神明在上見，遣使直往牽。從上頭底收，係（繫）著天牢門。五毒更互加，惡神來剋侵。口吟不能言，妻子呼倉（蒼）天。莫怨神不祐。由子行不仁。

吾哀時世人，不信於神明。先人與種福，子孫履上行。衣厚飯得飽。災考不到門。口氣頭噓天，自謂常終日。看師真邈然，得病叩頭請。外恭心不敬，神明以知人。三魂係（繫）地獄，七魄懸著天。三魂消散漸，五神不安寧。伺命來執載，丞相踏地瞋。左神不削死，右神不著生。生神不衛護，煞神來入身。或患腰背痛，或患頭目疼。百脈不復流，奄忽入黃泉。天門地戶閉，一去不復還。

吾哀世愚人，不信冥中神。生時不恭敬，死便償罪緣。典官逐後驅，牽北走東西。抱沙填江海，負石累高山。白日不得食，夜分不得眠。朝與杖一百，暮與鞭一千。不堪考（拷）對苦，賣罪與生人。兩兩共相牽，遂至死滅門。皆由不敬道，神明考（拷）摘人。何不敬真神，生死得昇天。生榮死者樂，生死得蒙恩〔校九〕。

吾哀時世人，不信冥中神。一門有十息，縱意行不仁。神明鑒无外，終不濫煞人。或夭華秀子，或夭妙少年。門崩戶以壞，學者如浮雲。死亦不脫歲，悲哭仍相尋。妻子沈堙漸，一身孤獨存。呼天天玄遠，呼地地亦深。不能自怨責，各道怨師尊。雖欲思善道，十子不復還。

吾告時世人，脩道宜懃懃。恩亦不虛生，神明必報人。昔有劉仲伯，精誠於道門。勸惡使從善，歲會集群賢。香火日夜懃，亦能感倉（蒼）天。命盡應當死，眾神與表天。三魂飛揚漸，七魄入死星。右神削死籍，左神著生名。伺命來拯濟，左相踏地瞋。普告二十獄，拔出仲伯身。三魂還復流，七魄還入身。血脈還運轉，百節方更堅。面目更端嚴，肉骨更鮮明。死臥三七日，寢尸還更生。

吾告時世人，髐骨不別真。閑時不共語，急便來求人。死者如流水。去者
如浮雲。秦川純（屯）軍馬，中庭生叢榛。百中不留一，到思吾本言。何
不學仙道，人身常得存。

老君十六變詞

一變之時：生在南方亦（赤）如火。出胎墮地能獨坐。合口誦經聲璨璨，
眼中淚出珠子硞。父母世間驚怪我，復畏寒凍來結果，身著天衣誰知我。

二變之時：生在西岳在漢川，寄生王家練精神。出胎墮能語言，晃晃昱昱
似金銀。三十六色綺羅文，國王歡喜會群臣，英儒雅士〔□〕平（評）論。
忽然變化作大人，髮眉皓白頭柱天。

三變之時：變形易體在北方，出胎墮地能居牀。合〔口〕誦經聲瑯瑯，額
上三午十二行。兩手不開把文章，配名天地厚陰陽，從石入金快翱翔。

四變之時：生在東方身青蔥，出胎墮地能瞳舂，合口誦經聲雍雍。白日母
抱夜乘龍，崑崙山上或西東。上天入地登虛空，仙人侍從數萬里，當此之
時神炁通。

五變之時：生在中都在洛川，嵩高少室嶺岑巔，中央脩福十萬年。教授仙
人數萬千，齊得昇天入青雲。降鑒周室八百年，運終數盡向罽賓。化胡成
佛還東秦，敷揚道教整天文。

六變之時：生在乾地西北角，圖畫天地立五岳，處置星辰敘四瀆。二十八
宿注鄉曲，日月照曜為下國。走如流水得周局，智者察之知急速，雨澤以
時熟五穀，萬人食之大化足。

七變之時：生在北方在海嵎，出胎墮地聲由由，好喜歌舞无憂愁。造作音
樂作箜篌，萬帝來請用解憂。黃河為路行竟頭，一身涉世快遊遊。

八變之時：生在東北在艮地，圖畫天地我次比。白衣居士維摩詰，欲結坐
禪須諳炁。通暢經書有舍利，見吾相好須信企。感子單誠不延次，齊得昇
天不墮地。

九變之時：下人（入）黃泉正地柱，開闢天地施地戶。四炁非陽立冥所，
雖有人民不能語。吾入身中施六府（腑），脇為傍通心為主。從此已來能言
語，尊卑大小有次緒，萬天稱傳道為父。

十變之時：生在東南出風門，畫出天道安山川，置立五岳集靈仙。吹噓寒暑生萬民，煩㤨眾生人得真。置立五藏（臟）施心神，動作六神能語言。有生有死須臾閒（間），如水東流何時還。邂逅相代不得停，何不習善求長生。槃散流俗入膠盆，不能免離喪子身。欲求度世於中禪，搦心不堅固仙根。盲聾音瘂教不倫，由子前身謗經文。論說道士毀聖人，在惡必報受罪緣，但勤自責莫怨天。

十一變之時：生在南方閻浮地，造作天地作有為，化生萬物由嬰兒。陰陽相對共相隨，眾生稟氣各自為。番息眾多滿地池，生活自衛田桑靡。劫數滅盡一時虧，洪水滔天到月支，選擇種民留伏羲。思之念之立僧祇，唯有大聖共相知。

十二變之時：生在西南在黃昏，時人厭賤還老身。善權方略更受新，寄胎託俗蟒蛇身。胎中誦經不遇人，左脅而出不由關。墮地七步雜穢閒（間），九龍洗浴人不聞。國王歡喜立東宮，與迎新婦字瞿夷。八百伎女營樂身，八斛四升不亂禪。破散庫藏施貧人，道十八人詣宮門。賈作大醜婆羅門，借問太子何時還。王心不語動王情，騎王白象觸王瞋。晃師知意不與言，殯著檀特在丘〔校十〕。投身餓處求道門，變為白狗數百身。積骨須彌示後人，傳語後學須精勤。莫貪穢辱喪子身，沈累六趣更生難。不信我語至時看。

十三變之時：變形易體在罽賓，從天而下无根元，號作彌勒金剛身。胡人不識舉邪神，興兵動眾圍聖人。積薪國北燒老君，太上慈愍憐眾生。漸漸誘進說法輪，剔其鬚髮作道人。橫被无領涅槃僧，蒙頭著領待老君。手捉錫杖驚地虫，臥便思神起誦經。佛㤨錯亂欲東秦，夢應明帝張騫迎。白象馱經詣洛城，漢家立子無人情。捨家父母習沙門，亦无至心逃避兵。不翫道法貧（貪）治生，搦心不堅還俗纏。八萬四千應罪緣，破塔懷廟誅道人。打壞銅像削取金，未榮幾時還造新，得存立帝恐心。

十四變之時：變形易像在金衛，沙門圍城說經偈。至著罪人未可濟，胡人聞之心恐怪，將從群黨來朝拜。叩頭悔過求受戒，剜肌剋骨誓不退。燒指練臂自盟誓，男不妻娶坐思禪，死為尸陀餧鷹鸇。遷神涅槃舍利弗，骨得八斛散諸國。如此遷達離煩欲，苦身求道立可得。

十五變之時：西向教化到罽賓，胡國相鼇還迦夷，侵境暴耗買育人，男子守塞憂婆夷。吾入國中作善詞，說化男子受三歸。漸漸誘進說法輪，剔其鬚髮作道人。陽為和上（尚）陰阿尼，假作父母度僧尼。師徒相度理无私，遷神涅槃歸紫微。四鎮安穆和我神，胡人思念長吁啼。鑄作金像法我形，三時入禮求長生。寂寂寞寞不應入，低頭視地仰看天，大聖正真何時還。

十六變之時：生在蒲林號有遮，大富長者樹提闍。有一手巾像龍蛇，遺風吹去到王家。國王得之大歎吒，興兵動眾來向家。離舍百里見蓮花。國有審看一月夜，王心惡之欲破家。忽然變化白淨舍，出家求道號釋迦。

五百歲之時：乘龍駕虎道得昌，漢地廣大歷記長。三十六人計弟兄，超度北闕雲中翔。新盧酒出俱行嘗，娥媚山邊作細昌。當此之時樂未央。伊耶樂生壽命長。

六百歲之時：一世以去二世歸，城郭如故時人非。觀者眾多知我誰，死生各異令人悲。何不學道世欲衰，踟躕西北長吁誰，伊耶樂生治太微。

老子化胡經卷第十

校　記

校一：本卷編號伯二○○四，爲一卷本，唯玄歌第二首，《廣弘明集》卷九《笑道論》引前七韻，故援以爲校，簡稱甲本。

校二：「勅」，甲本作「敕」。

校三：「教」，甲本作「來」。

校四：「落」，甲本作「洛」。

校五：「至」，甲本作「世」，疑避諱改文。

校六：「終」，甲本作「滿」。

校七：「中」，甲本作「東」。

校八：「致」，甲本作「無」，「帝」原卷作「氣」，據甲本改。

校九：原重「得」字。

校十：疑缺一字。

〔太上靈寶老子化胡妙經〕〔校一〕

（上缺）地為大動，人民繞壞，无復情計□□□□〔校二〕。爾時天尊於虛

空之中。愍念群〔生〕，□□□□此城中〔校三〕，放大光明，普照十方，城中國□□□□等百千萬眾〔校四〕，皆大歡喜，悉為禮拜。爾時有一大國王，即從坐（座）起，長跪叉手〔白天〕尊：「我等今日有緣，得見天尊，譬如更生□。」爾時天尊在坐（座）中，語諸群生曰：「我今愍汝〔輩〕前身有福。得為種民。我今安汝等，悉置布〔十〕方：在東方者號為青帝，在南方者號為赤帝，在西方者號為白帝，在北方者號為黑帝，置在中央者號為黃帝。五方各有日月星辰列布，五穀生於山中，養於萬民，從此以來，百〔億〕國土共相承習。」爾時群眾言曰：「我等今日因緣，得見天尊，分別解說，開悟群生，為當何屬。」□等能屬道者，無上最真樂佛者，亦是我身。有一長者問曰：「天下唯言，一生大聖，云何復有二尊？」天尊答曰：「我觀見天下，邊國胡夷越老，一切眾生，心意不同，不識真為（偽），不信罪福，各行惡逆。是故我今分身二乘，教化汝取。」

天尊爾時在大城中，口說演出經教無數無量，宣付天下及道士道人沙門羅漢，各自部典，隨所教化。若信佛者，當以教之，而為說法。若信道者，當以教之，而為說法。若善男子善女子等，愛樂是經，尊奉恭敬，勤行功德，減割身口，月月常能建立齋戒，供養師尊，燒香禮拜，勤身苦行，六時行道，不問男子女人道俗，若能至心聽受此經者，不遭枉橫，所在安隱（穩）。命過之者，不墮地獄，皆登天堂紫微之宮，衣食自然。若不信經教者，訾毀罵道，不崇念善，欺陵孤寡，劫奪人物，煞害眾生，如此之罪，命終之後，當墮地獄，刀山劍樹，爐炭灌湯，隨罪輕重，考而治之。千劫無復人形。善者受福，惡者受殃。天尊言：「東九夷，南八蠻，西六戎，北五狄，中殃（央）三秦，東西南北，十方世界，恒河沙數，皆由天尊感恩降伏，賞善罰惡，若有魔王眷屬，諸神廟祀。天祇地祇，眾耶（邪）魍魎，世閒（間）前後，死喪外家，飛蜚惡注，疾病人民。又諸道士，宣威救急，行道教化，降伏諸魔惡鬼，皆由天尊，威振神耳。」天尊言：「吾遊行萬國之地，以道教化，皆悉歸向。唯有胡國不伏。」天尊變形，乃作凡夫，入其國土。胡人男夫女婦，皆共驚怪。天尊言：「汝等有何驚怪？我來化汝也。」胡人聞之，舉國大小，無不驚矣。天尊言：「汝莫笑，我等二老公，今大飢渴，汝一國為吾作食，乃可飽耳。」胡人一國，即為作食，種種無數，二尊共食不飽，胡人大小皆大驚怪。天尊言：「汝等一國飼我不飽，我今復為汝設食。」天尊以金搥

打地五方，飲食種種無數，一時來下，胡國大小食此，百方不遺一。胡
人心由兇強，乃以天尊囚縛，宣勅一國聚柴，積如丘山。以二尊者於柴
上，持火從下燒之，煙火熾盛，七日七夜，柴消火滅，胡人往看，但見
天尊顏色豐悅，光耀照天，誦經振動四方。胡人惶怖，馳告胡王，聞之
皆大惶怪，便自出將領千軍萬乘，以金銀輦輿，剛取二老公著於殿上。
舉國大小，千重萬匝。叩頭禮拜，乞存生命。天尊言：「汝等胡人。雖爾
心由兇惡，為汝等除落鬚髮，偏肩露膊，不令妻娶，斷其種族。使立塔
寺，徒眾朝暮禮拜，奉事天尊丈六金剛形象，常如今日。起立華香幢幡，
真珠瓔珞，供養形像，燃燈續明。轉誦經文，六時行道，如似原物。天
尊言：「吾化伏胡國，安立形象寺塔，正定天下萬國之主，天尊宮殿在於
虛空之中，諸音伎樂，自然有之。世間（間）愚癡人輩，謂言天尊無像。
天尊生出以來，經歷數劫恆河沙等，不可窮盡，變形行世間（間），或大
或小，或老或少，天地大聖，以道為尊。」

　　天尊言：「我在宮中，觀萬民作善者少，興惡者多，大劫欲末，天尊
遣八部監察，以甲申年正月十五日，詣太山主簿，共苄（算）世間名藉（籍）
有脩福建齋者。三陽地，男女八百人得道；北方魏都地，千三百人得道；
秦川漢地；三百五十人得道；長安晉地，男女二百八十七人得道。自餘邊
國人，非人等，或人頭鳥身，一人兩頭，似人，非恒河沙為數，不知人事，
不識真為（偽）。如此人輩，死墮六畜之中，從一劫乃至千劫輪轉，周而復
始。有此得道男女，由其前身脩福，奉持經戒，常念三寶，今悉登天堂。
宮殿樓閣，悉用七寶，流泉涌（湧）池，池中蓮華，皆如車輪。諸音伎樂。
在於前後，世之難有，此皆福賴巍巍如是。

　　天尊言：「上有卅三天，周迴十方，無窮無極，恒河沙數。造立天地
以來，有大須彌山、有大鐵圍山、大海，是名三大千國土，人民滿中天下。
亦有百億日月，一日月傍照，四天下輪轉，周而復始。地下有大水，風在
其上；地下有樹，枝葉四布。八萬九千里，無邊無畔，不可窮盡，亦不可
思議，莫能知者。」

　　天尊言：「天地開闢以來，三皇五帝，爾時吾經百劫，身滅更生，受
命八萬七千歲，人民俱爾，共相率生，慈心相向，不賊不害，不偷不盜，
四方亦無兵革，國土通同，人民歡樂，壽命極長。滿一劫，人民死盡，皆

生天堂，無有受苦。從來至今，以（已）經九萬年，人民眾多，世亡沒墮，
〔死〕復更生，人心轉惡，國王帝主，君弱臣強，共相攻罰（伐）。或父子
自相魚肉，兵刀水火，更相弒人，民多作惡。無一善者。貪財愛色，六親
相賤，無尊無卑，無大無小，或父煞小，或子煞父，顛倒上下，無常根本，
一切眾生，競為作惡，不可教化，以是天遣百部使者，行九十種病，頭痛
寒熱，疫疾及霍亂，轉筋腹痛，赤下癰腫。惡瘡及官刀兵，惡賊所煞。水
火憤燒（焚澆），溺水、死罪、繫獄，自煞滅盡。哀哉痛哉！我念汝等，崩
山瓦解，唯喜得度，不遭橫死，聖俱出耳。

天尊言：「我□愍念群生，可宣吾經教，不問佛道魔俗，男子女人，
若能尊奉明法，勤脩功德，建立福田，轉經行道，一日一夜，燒香禮拜，
步虛詠誦，懸繒幡蓋，監察直事，日月來下，檢察脩福，表上善者，上昇
天堂，衣食自然，快樂無極。世間愚癡人輩，謂呼無是，咲（笑）人作善，
不作福德，作罪得罪，不信人死，神明更生，愚癡迷或（惑）信耶（邪），
到見死入地獄，陸犁十八地獄、玄沙北獄、太山廿四獄、及在中都大獄，
日月所不加，三掠之考（拷），萬痛交行，求生不得，求死不得，考（拷）
楚萬端，如此眾罪，百劫不復。所以者何？譬如王法，牢獄亦復如是。」

天尊爾時在廣城中，與諸國王大臣人民，百千萬人及諸道士，共會說
法。汝等從今以去，廣宣吾教。大劫將終，示化人民，懃作功德，起立寺
塔精舍，遼理福業，廣救眾生及一切蚑飛蠕動有形之類。過度惡世，得見
太平，與真君相值。末劫之後，山河石壁，無有高下。香水洗身，然後真
君來下，及彌勒眾望，治化更生，日月星辰，列布在空中，普照十方，諸
天善神，皆共來下，人民長大，無痛苦惱，五穀豐熟，一種三收，米長五
寸，食之香美，金銀寶藏，悉皆露形。亦無虎狼毒蟲，國土交通，人民歡
樂，世之希（稀）有。男子女人，勤脩功德，普救貧窮孤老，師尊道士，
愍念群生，得見太平。

爾時天尊在大城中教化時，坐中有國王從坐而起，馳到天尊前，長跪
又手白言：「我等今日遇蒙天尊說法教化，安置十方，開悟群生，不勝巍巍，
布囑此經，何名之也？」天尊言：「此經凡有三名，一名元始大聖，二名老
子，三名天尊。」於是國王大臣，又諸人民，一時作禮奉行。

太子靈寶老子化胡妙經

校　記

校一：本卷編號斯二○八一，爲一卷本，無相關資料可資校勘。經題據尾題補。
校二：約缺五字。
校三：約缺五字。
校四：約缺四字。

〔化胡經〕〔校一〕

（上缺）无極太上之後，天地開闢千六百億年，无世不化。然時人知我者希（稀），在賢知賢，在愚知愚，汎汎然與俗同狀。世人不知，或謂吾是聖，或謂是凡，或謂日月五星之精。或謂是太宗師，或謂之天人帝王之師，不知吾是天尊，不知吾是虛□之母也。

道言天地合會，三千六百億萬歲，一小合會也。大合會之時，天下蕩然，无有人民。伏羲之前，大會无數，吾於其中導引眾生，過度災厄。伏羲時，下爲師，號「宛華」，稱「田野子」〔校二〕，作《元陽經》三十□〔卷〕。〔神〕農時，出爲師，號曰「太成子」〔校三〕，〔作〕《太一元精經》三百六十卷〔校四〕。祝融時，出爲師，號曰「傳豫子」〔校五〕，作《案摩通精經》九十卷〔校六〕。三家共脩无爲之術〔校七〕。而治萬八千歲，以致太平，人民純樸，正有无爲，无有餘法，唯有无始自然法耳，不侵不害，道无歸身，當此之世，可謂三皇之君矣。伏羲之前八萬歲，於玉京山南作《太升經》三百卷，作太宗守道之法，於座定志不起，歷萬餘年。眾生沈淪而復一見，權變導引，而子不知。道言：「吾黃帝時出爲師，號曰「力默子」〔校八〕，作《道成經》□□〔卷〕。〔帝嚳時〕，出爲師，號曰「綠圖〔子〕」〔校九〕，〔作黃〕庭經五十卷〔校十〕。帝堯時，出爲師，號曰務成〔子〕〔校十一〕。作《政事宣化經》各四十卷〔校十二〕。帝舜時，出爲師，號曰「尹壽子」〔校十三〕。作《通玄真一經》七十卷〔校十四〕，《道德經》千二百卷，自稱太宗師。世人能念太宗師者，苦痛自止，所願從心。自三五霸之後，帝王相承，人性有好惡，壽命有長短，稟之於元炁。遭之於（下缺）

校 記

校一：本卷編號伯二三六〇，首尾均殘，但內容與《三洞珠囊》卷九〈老子爲帝師品〉
　　　所引之《化胡經》略同，因據補擬經題。又文中提及老子爲帝師事，諸書多有
　　　提及，亦引以爲校。茲以《三洞珠囊》所引之《化胡經》爲甲本，《猶龍傳》
　　　爲乙本，《混元聖記》爲丙本，《神仙傳》爲丁本，《辯僞錄》卷一所引之《八
　　　十一化圖》之第十一化爲戊本，斯二二九五《老子變化經》爲己本。又甲、丁
　　　本全文可參見本論文第五章第二節及第六章第一節。

校二：「田野子」，甲本作「號曰究爽子，復稱田野子」，乙本作「溫爽子」，餘作「鬱
　　　華子」。

校三：「太成子」，丁本作「九靈老子」，己本作「號曰春成子，一名陳豫」，餘作「大
　　　成子」。

校四：「太一元精經」，原作「太一九精經」，「九」殆「元」之誤。又乙本作「元精經」，
　　　當據改。

校五：「傳豫子」，甲本作「號曰傳豫子，復名廣壽子」，己作「廣成子」，餘作「廣壽
　　　子」。

校六：「案」，乙戊作「按」。

校七：自「三家共修无无之法」以下，文句略與甲本同，引之如下：「三家共修无无，
　　　各治萬八千歲，致太平，人民純樸，无有餘治，維无氣自然爲法，不役伐，道
　　　氣歸之，无不服也，此衛三皇之君矣」。

校八：「力默子」，己本作「天老」，餘作「廣成子」。

校九：「綠圖子」，乙丙丁戊皆作「錄圖子」。

校十：「黃庭經」，甲本作「道理黃庭經」。

校十一：「務成子」，己作「茂成子」。

校十二：「政事宣化經」，甲本作「正事經」，乙本作「政事離合經」，戊本作「宣化經」。

校十三：「尹壽子」，己本作「廓州子」。

校十四：「通玄眞一經」，戊本作「通玄經」，餘無此經。

附錄二：由《老子化胡經》看佛道論衡的 一段公案

一、前　言

　　道教是中國的本土性宗教，自漢末立教迄今，已有二千年歷史。中國人常以儒釋道三教並稱，儒教是否可以稱為宗教，姑且不論，然佛教以一外來宗教，排名卻在本土道教之上，實為罕見之現象。蓋吾漢民族向來尊夏卑夷，對有關夷狄的一切，不是視為蠻夷小道，不屑言之，便是以其不符中國固有風俗為由，而將其排斥在外，唯獨對於佛教，不僅接納它，更將它置於道教之上。造成此種排名之原因，固為佛教中國化及教徒努力結果使然，但在這漫長的融合過程中，道教徒是如何看待此事並與之抗衡，實在值得深究，其中「老子化胡說」正是道教攻擊佛教的武器之一，而其具體呈現則是《老子化胡經》。

　　佛道二教論衡，言老子化胡成佛固然是極端蔑視佛教，但云老子為佛陀弟子迦葉，又何嘗有理？雖然歷代之佛道衝突均有其時代背景，但爭執重心不外乎就是「佛老先後」及「老子化胡成佛」之真偽，乃至元朝劈道藏、焚道經、迫道士削髮為僧，所為者也就是這部《老子化胡經》。今日我們回首整個佛道論衡始末，或許覺得當時人實在太小題大作，但從史籍中看到二教是如此慎重其事的辯於朝廷、爭於文論，甚至為此犧牲生命時，我們便不能再以輕視之眼光來看待此事，反而要以戒慎恐懼的心情來研究它、面對它。本文即就「老子化胡說」、《老子化胡經》之產生、演變，來看佛道論衡的這段公案。

二、老子化胡說的提出

老子化胡說之由來，最初乃本《史記》附會而成，《史記・老莊申韓列傳》云：

> 老子者，楚苦縣厲鄉曲仁里人，姓李氏，名耳，字伯陽，謚曰聃，
> 周守藏室之史也。……老子脩道德，其學以自隱無名為務。居周久
> 之，見周之衰，迺遂去。至關，關令尹喜曰：子將隱矣，彊為我著
> 書。於是老子迺著書上下篇，言道德之意五千餘言而去，莫知其所
> 終。〔註1〕

就因老子「去周」、「出關」、「莫知其所終」留予後人無限想像空間，故佛教
傳入後，老子出關化胡成佛之說於焉產生。老子化胡說確切形成於何時，目
前已難考證，最早見於史料記載者為《後漢書・襄楷傳》，其傳曰：

> 延熹九年（西元一六六年）楷自家詣闕上疏曰……臣前上琅邪宮崇
> 受于吉神書，不合明德，……又聞宮中立黃老浮屠之祠，此道清虛，
> 貴尚無為，好生惡殺，省慾去奢。……或言老子入夷狄為浮屠，浮
> 屠不三宿桑下，不欲久生恩愛，精之至也。天神遺以好女，浮屠曰：
> 此但革囊盛血，遂不眄之，其守一如此，迺能成道。〔註2〕

襄楷疏中之「或言老子入夷狄為浮屠」，即今日可見有關老子化胡說之最早記
載。其中值得注意者為「或言」二字，章懷太子注曰：「或言，當時言也，老
子西入夷狄始為浮屠之化。」日本學者窪德忠以為：

> 襄楷是……太平道干吉之弟子，倘若是他們自己提出的，上疏中不
> 會用「或言」之類說法。這樣說來，化胡說無疑早在公元一六六年
> 前後，就在不屬於太平道的人們中廣為流傳了。〔註3〕

若據這段話追究下去，何謂「不屬於太平道的人們」？他們是那些人或團體？
或者我們換個方式問：「老子化胡說究竟是由佛教徒或道教徒提出來的？」倘
若我們接受窪德忠的推測，那麼在當時的環境下，太平道之外，有可能提出
化胡說的，只有五斗米道及佛教二個宗教團體。

五斗米道雖創於張陵（西元34年～156年），然發展興旺則在其孫張魯之
時，加上僻處四川一隅，與其時傳播範圍尚頗為局限之佛教當少有接觸，應

〔註1〕 《史記》卷六十三〈老莊申韓列傳〉。
〔註2〕 《後漢書》卷六十〈襄楷傳〉。
〔註3〕 窪德忠：《道教史》，（上海：譯文，1991），頁80。

不至於提出「老子化胡說」來攻擊佛教。因此,最有可能提出化胡說的,應是佛教徒本身。原因之一乃襄楷爲平原隰陰人,據湯用彤考證漢代佛教分布之地方,除雒陽外,其餘均在東南沿海一帶,〔註4〕襄楷正好身處其間,故其佛教知識及老子入夷狄之傳聞,當是輾轉從佛教人士中得知的。原因之二爲中土人民向持夷夏之分,尊夏卑夷,而初期的佛教被視爲「胡教」,爲蠻夷信奉的宗教,在傳教過程中自然會遭到許多困難及排斥,唯一的方法,便是盡可能使其符合中國固有之風俗民情、思想信仰等。就在佛教極力想融入中國環境的背景下,相信教中有心之士自然會想到:老子出關不知所終,而佛教恰遠從關外而來,若將二者結合,以「老子入夷狄爲浮屠」之說向國人宣教,則必收事半功倍之效,於是就在便於傳教之情形下產生了老子化胡說。此說成立初期,佛道雙方倒也相安無事,但多年之後,二教勢力日漸興盛,雙方歧見衝突不斷發生,道教遂大力宣揚此說,用以貶低佛教,併吞佛教,而佛教亦無法坐視教史、教祖被污衊篡改,雙方各自據理力爭之下,終於種下後世無窮紛爭的種子。

三、《老子化胡經》的產生

老子化胡說最遲在漢末已經成立,但除「或言老子入夷狄爲浮屠」一句外,無法得知進一步的內容。至西晉,傳說有道士王浮據「老子化胡說」造《老子化胡經》。梁·僧祐《出三藏記集·法祖法師傳》記此事云:

> 帛遠,字法祖,本姓萬氏,河內人。……會張輔爲秦州刺史,鎮隴上,祖與之俱行,輔以祖名德顯著,眾望所歸,欲令反服爲己僚佐,祖固志不移,由是結憾。……(法祖死)後,少時有一人,姓李名通,死而更蘇云:見祖法師在閻羅王處爲王講《首楞嚴經》云,講竟,應往忉利天。又見祭酒王浮,一云道士基公,次被鎖械(按:此句又作:一云道士基公次,被鎖械),求祖懺悔。昔祖平素之日,與浮每爭邪正,浮屢屈,既意不自忍,乃作《老子化胡經》以詆謗佛法,殃有所歸,故死方思悔。〔註5〕

梁·慧皎《高僧傳·帛遠傳》也有同樣記載,〔註6〕此外唐·法琳《辯正論》

〔註4〕 湯用彤:《漢魏兩晉南北朝佛教史》,(台北:駱駝,1987),頁82。
〔註5〕 梁·僧祐:《出三藏記集》卷十五,《大正藏》冊五十五,頁107。
〔註6〕 梁·慧皎:《高僧傳》卷一,《大正藏》冊五十,頁324。

卷五引《晉世雜錄》曰：

> 道士王浮每與沙門帛遠抗論，王屢屈焉，遂改換《西域傳》爲《化
> 胡經》，言喜與聃化胡作佛，佛起於此。〔註7〕

唐・陳子良於此下注曰：

> 裴子野《高僧傳》云：晉慧（惠）帝時，沙門帛遠，字法祖，每與
> 祭酒王浮，一云道士基公次，共諍邪正，浮屢屈焉。既嗔不自忍，
> 乃託《西域傳》爲《化胡經》，以謗佛法，遂行於世。……《幽明錄》
> 云：蒲城李通死，來云，見沙門法祖爲閻羅王講《首楞嚴經》。又見
> 王浮身被鎖械，求祖懺悔，祖不肯赴，孤負聖人，死方思悔。〔註8〕

前引數文皆云王浮改《西域傳》爲《化胡經》，但王浮爲何方神聖？《西域傳》
究竟爲何書？是否爲《化胡經》之同類作品？仍不得而知。唐・道宣《集古
今佛道論衡》卷丁曰：

> 據《晉代雜錄》及裴子野《高僧傳》皆云：道士王浮與沙門帛祖對
> 論每屈，浮遂取《漢書・西域傳》擬爲《化胡經》。〔註9〕

由此推測王浮乃取《漢書・西域傳》中之西域國名、人名插入老子教化遊行
於西域各地之事，非別有《西域傳》一書。〔註10〕又《晉世雜錄》東晉末竺
道祖撰，《幽明錄》劉宋劉義慶撰。裴子野、僧祐、慧皎均爲梁時人，道祖、
義慶、子野之書今均佚，僧祐的《法祖法師傳》爲目前可見最早有關《老子
化胡經》之記載。雖然上引諸書之時代、作者均異，卻一致指出王浮爲《老
子化胡經》之作者，〔註11〕然王浮到底是何許人，從上述引文中卻仍然一無

〔註7〕 唐・法琳：《辯正論》卷五，《大正藏》冊五十二，頁522。

〔註8〕 同前註。

〔註9〕 唐・道宣：《集古今佛道論衡》卷丁，《大正藏》冊五十二，頁391。

〔註10〕 日本學者對《西域傳》之問題尚有爭論，或云《西域傳》乃《魏略・西戎傳》
之別稱，或云別有《西域傳》一書，惜皆缺乏證據，諸說至今仍無肯定結論，
僅能作爲參考。請參見：松本文三郎：〈老子化胡經の研究〉，《東方學報》第
15冊第1分。重松俊章：〈老子化胡說の由來〉，《史淵第十八期》。柴田宣勝：
〈老子化胡經僞作者傳に就いて〉，《史學雜誌》四十四卷一～二期。

〔註11〕 大陸學者李養正以爲：「『基公』極可能爲『諶公』之誤。梁諶（按：梁諶爲
樓觀派之實際創始人，當時之著名道士。）爲魏元帝時人，與王浮大體同時，
且他所造作之《關令內傳》（《樓觀先生本起內傳》）也有老子西昇化胡之
說。……他也是魏晉南北朝樓觀道投入佛道之爭的第一人。」按：此說頗有
參考價值，惜乏適當證據佐證。請參閱：李養正：《道教概說》，（北京：中華
書局，1990），頁82。

所知，僅有的線索，只能從法祖法師身上來尋。

從上述記載中，知法祖法師之活動範圍皆在關隴一帶，則王浮想必亦為當地人士。其次，法祖法師為晉初名僧，孫綽《道賢論》以七沙門比竹林七賢，以法祖匹嵇康，浮既時與祖爭邪論正，則當非無學之士，甚至頗富才學，否則何有能力造作《化胡經》？三者，從「祭酒」一詞推測，王浮似為五斗米道一派之道士。「祭酒」，本官名之一種，負責掌管學制之相關工作，漢代曾置「博士祭酒」，晉代亦置「國子祭酒」。道教之五斗米道，自張陵開始，即襲用「祭酒」一詞以為教民之長官。晉‧葛洪《神仙傳‧張道陵傳》云：「（張道陵）與弟子入蜀，住鶴鳴山……弟子戶至數萬，即立祭酒，分領其戶，有如長官。」〔註12〕又《後漢書‧劉焉傳》云：「魯遂自號師君。其來學者，初名為鬼卒，後號祭酒，祭酒各領部眾。……不置長吏，以祭酒為理，民夷信向。」〔註13〕《魏書‧張魯傳》云：「魯……以鬼道教民，自號師君。其來學道者，初皆名鬼卒，受本道已信，號祭酒，各領部眾。多者為治頭大祭酒，……不置長吏，皆以祭酒為治，民夷便樂之。」〔註14〕由此知「祭酒」本是漢代學官之名稱，五斗米道襲用此名詞，令祭酒在教團擔任監督、指揮初發心教民、教誦老子《道德經》等工作。故「祭酒」一職，實乃初期道教教團之重要幹部。王浮既號為「祭酒」，似為五斗米道一派之高階道士。

綜合以上所論推測：王浮大約是與法祖法師同時之人物，活動範圍在關隴一帶，頗通文墨，可能是五斗米道中之高階道士。至於王浮造《老子化胡經》之時代，據前引文，法祖法師後為張輔所殺，張輔戰死之時間為永興二年（西元305年）。〔註15〕又宋‧張商英《護法論》云：「晉惠帝時（290～306）王浮偽作《化胡經》。」〔註16〕由此推測王浮造《老子化胡經》之時間，應於西元三○○年前後。

自王浮編造《老子化胡經》後，歷代卷次迭有增加，同類型作品亦陸續出現，因為：在道教得勢時，它被捧得同天一樣高，因為本經為太上老君親著，弘揚道法於西域之「聖經」。相對的，佛教勢力抬頭時，化胡經則難逃被焚、被禁、被毀之命運，因為此經為辱及教祖佛陀且蔑視全體教徒之「偽書」。

〔註12〕晉‧葛洪：《神仙傳》卷四〈張道陵傳〉
〔註13〕《後漢書》卷六十五〈劉焉傳〉。
〔註14〕《三國志‧魏書》卷八〈張魯傳〉。
〔註15〕《資治通鑑》卷八十六。
〔註16〕宋‧張商英：《護法論》，《大正藏》冊五十二，頁645。

於是在禁毀中，《老子化胡經》產生了多樣變化：你禁，我私藏；你焚，我重
寫；你毀，我再編。在此種情況下，歷朝各代均有不同版本之《化胡經》如：
《化胡消冰經》、《化胡成佛經》、《西昇化胡經》、《靈寶化胡經》、《化胡經玄
歌》等……，〔註 17〕而且卷帙代有增衍，從晉至宋，由一卷增至十一卷，其
速度不可謂不快。一直至元朝，道教與佛教辯論失利，皇室下令禁毀《老子
化胡經》，《老子化胡經》及相關作品從此失傳，僅零星保存於相關記載，直
至清末敦煌文物出土，方始重現世間。

　　附帶言之，帛遠之弟帛法祚，亦當時知名高僧，亦爲梁州刺史張光所殺，
兄弟二人被殺之因，皆爲不答應主政者還俗的要求。彼時政治雖然混亂，但
不答應還俗，是否即構成死罪，頗值推究。《晉書》記張光征伐漢中，被圍致
死，臨死前按劍曰：

> 吾受國厚恩，不能翦除寇賊，今得自死，便如登仙，何得退還也。
>
> 聲絕而卒。〔註18〕

成仙思想中國雖古已有之，然從其上下文語氣推測，張光似爲道教信徒。至
於張輔，雖無資料證明其人爲道教徒，但由其要求法祖還俗，並以此理由殺
害法祖之事觀之，張輔若非道教之支持者，至少亦非尊重佛教、僧人之輩，
否則豈會作出殺害僧徒之事。因此，若張輔、張光果眞如上述推論，則此二
事件象徵王浮造《化胡經》時，佛道二教已隱然對峙，雖未表面化，卻已暗
濤洶湧矣，此或即刺激王浮造《化胡經》之社會因素。

四、歷代化胡說、《化胡經》與佛道論衡

1、魏晉時期

　　原始之老子化胡說，僅限於老子入夷狄爲浮屠，至三國，乃有老子化胡，
或老子爲佛師之說。《三國志‧魏志》裴松之注引魚豢《魏略‧西戎傳》曰：

> 臨兒國《浮屠經》云：「其國王生浮屠，浮屠，太子也。父曰屑頭邪，
> 母曰莫邪。浮屠身服色黃，髮青如青絲，乳青毛，蛉赤如銅。始莫邪
> 夢白象而孕，及生，從母左脅出，生而有結，墮地能行七步。」此國
> 在天竺城中。天竺又有神人名沙律，昔漢哀帝元壽元年，博士弟子景

〔註17〕請參閱拙著：《《老子化胡經》研究》，（台北：中國文化大學碩士論文，1993），
　　　　頁 105。
〔註18〕《晉書》卷五十七〈張光傳〉。

盧受大月氏王使存口受《浮屠經》，曰復立者其人也。《浮屠》所載臨
蒲塞、桑門、伯聞、疏問、白疏閒、比岳、晨門，皆弟子號也。《浮
屠》所載與中國老子經出入，蓋以爲老子西出關，過西域之天竺教胡。
浮屠弟子別號合有二十九，不能詳載，故略之如此。〔註19〕

魚豢，魏明帝時爲郎中，卒於晉武帝太康以後，《魏略》約爲魏末時所作。據
此記載，其含義不僅是東漢的「入夷狄爲浮屠」，且更進一步指出：老子遊行
西域，以浮屠教化胡人，爲佛陀之師，含義比之前朝又寬廣許多。

至西晉，化胡說之最大推展，則爲《老子化胡經》之成立。西晉之前，
容有《化胡經》或類似作品，但眞正史有明載並流傳下來者，惟西晉王浮之
《老子化胡經》，有關此經之成立背景及時代，已見前文，此處不再贅述。

正當化胡說隨著時間推移，漸次添入新內容時，佛教之勢力亦逐漸興盛，
並開始起來反抗化胡說。佛教使用之策略爲以「化華說」來解釋「化胡說」，
「化華說」初期並無具體內容，僅籠統提到：佛陀深感中國之不開化，故遣
三聖入中國教化云云。如《佛說申日經》：

佛告阿難：我般涅槃千歲已後，經法且欲斷絕，月光童子當出於秦
國作聖君，受我經法，興隆道化，秦土及諸邊國，鄯善烏長、歸茲、
疏勒、大宛、于塡及諸羌虜夷狄，皆當奉佛尊法，普作比丘，其有
一切男子女人，聞《申日經》，前所作犯惡逆者，皆得除盡。〔註20〕

《佛說灌頂經》卷六云：

佛語阿難：「……閻浮界內有震旦國，我遣三聖在中化導，人民慈哀，
禮義具足，上下相率，無逆忤者。」

又曰：

佛告阿難：「震旦國中又有小國，不識眞正，無有禮法；但知殺害，
無有慈心，三聖教化遺言不著。至吾法沒千歲之後，三聖又過，法
言衰薄，設聞道法，不肯信受，但相侵陵，諍于國土，欲滅三寶，
使法不行。」〔註21〕

文中所說之「大秦」、「震旦」皆指中國（「震旦」爲昔時印度稱中國之名）。

〔註19〕《三國志》卷三十，〈魏書・東夷志〉。
〔註20〕西晉・竺法護譯：《佛說申日經》，《大正藏》冊十四，頁819。
〔註21〕東晉・帛尸梨蜜多羅譯：《佛說灌頂塚墓因緣四方神咒經》卷六，《大正藏》
冊二十一，頁512。

所謂「我遣三聖在中化導」即指佛陀遣三弟子來中國教化，需注意者為此時之「三聖」尚未明確指出為何人，直至南北朝方出現此三人之姓氏。

上述二經據考證，實譯經者偽作羼入，並非原經所有。〔註22〕但無論如何，至此之後，佛道二教各造其經，各圓其說，更競相將教主之生年往前推移數百數千年，乃至無始之際，由此正式揭開佛道二教近千年的化胡之爭。

2、南北朝時期

如前所述，化胡說在晉末已形成「化胡」、「化華」二說，但彼時佛道二教尚未有強烈對峙之勢，化華說也尚未具體成形。但至南北朝，佛教「化華說」不僅有更進一步的發展，而且此時中國深受異族侵陵統治，夷夏之分更為鮮明，而化胡說遠在此之前，便已涉入夷夏之爭，至此時二教各有其勢力，化胡之爭加上夷夏之辯，佛道二教論衡更形激烈。

（1）「化華說」的發展

「化華說」經晉末至南北朝十數年的發展，逐漸成熟、具體，「三聖」也有了確切的人名：原來老子實乃佛之弟子迦葉，奉佛之命前來教化中國，至周末，教化任務完成，遂出關返國覆命。故老子出關實因「化華」已成，功成身退，而非「化胡成佛」。如北周·釋道安《二教論》曰：

> 《清淨法行經》云：「佛遣三弟子震旦教化：儒童菩薩彼稱孔丘；光淨菩薩彼稱顏淵；摩訶迦葉彼稱老子。」〔註23〕

慧通《駁夷夏論》曰：

> 經云：「摩訶迦葉，彼稱老子，光淨童子，彼名仲尼。」將知老氏非佛，其亦明矣。〔註24〕

又《戎華論》曰：

> 佛據萬神之宗，……唯有周皇邊霸，道心未興，是以如來使普賢威行西路，三賢并導東都，故經云：「大士迦葉者，老子其人也。故以詭教五千，翼匠周世，化緣既盡，迴歸天竺。」故有背關西引之邈，華人因之作《化胡經》也，致令寡見之眾，詠其華焉。〔註25〕

上引三文與前文謂佛遣三聖化導震旦之說，顯然同出一源且更見完備，其中

〔註22〕王維誠：〈老子化胡說考證〉，《國學季刊》四卷二期，頁179。
〔註23〕見唐·道宣《廣弘明集》卷八，（台北：新文豐出版公司，1986），頁99。
〔註24〕見梁·僧祐：《弘明集》卷七，（台北：新文豐出版公司，1985），頁338。
〔註25〕同前註，頁351。

《戎華論》中提到的《化胡經》，爲今日所知王浮作經以後，第一篇直引此經名者。至於《清淨法行經》今佚，然智昇《開元釋教錄》將此經置於疑惑及僞妄錄中，推測此經乃佛教徒爲反對《化胡經》所僞作。

由於「化胡」、「化華」之爭，遂衍生出一個新問題：到底是「老子作佛」或「尹喜作佛」？敦煌《老子化胡經》：

（老子）又以神力爲化佛形，騰空而來。

桓王之時……我令尹喜乘彼月精，降中天竺國，入乎白淨夫人口中，託廕而生，號爲悉達，捨太子位，入山脩道，成无上道，號爲佛陀。

〔註26〕

老子曰：「佛者是弟子尹喜託身，一時教化雖未至極，亦是聖人。」

〔註27〕

五變之時，生在中都在洛川，……運終數盡向罽賓，化胡成佛還東秦。

十六變之時，生在蒲林號有遮，……出家求道號釋迦。〔註28〕

又，元‧祥邁《辯僞錄》卷二，引《八十一化圖》曰：

第三十四化云老子告胡王曰：「使我弟子爲佛，汝當師之，既使尹喜變身爲佛，與胡人爲師……。」又云：「老子至舍衛國，自化作佛，坐七寶座。」〔註29〕

上述引文或云「老子作佛」，或云「尹喜作佛」，或二說並存，明顯有所矛盾，何以如此？筆者以爲這是道徒教爲了對抗「化華說」而修正「化胡說」的結果。

從最早「或言老子入夷狄爲浮屠」的記載來看，原始的老子化胡說，的確是老子作佛，這是初期佛教徒爲了宣教上的方便，所提出的一種權宜說法，但此說後來漸漸流傳開來，反而成爲道教打擊佛教的利器。佛教徒爲了反擊化胡說，遂提出「化華說」，將老子貶爲佛弟子迦葉，在此種情形下，道教徒自然也不能示弱，故又還以顏色，將佛陀貶爲老子之弟子尹喜。至此，化胡

〔註26〕敦煌卷子斯一八五七，首題：老子化胡經序，魏（下缺），尾題：老子化胡經卷第一。

〔註27〕敦煌卷子伯三四〇四，首題：（上缺）化胡經受道卷第八，奉敕對定經本。

〔註28〕敦煌卷子伯二〇〇四，表紙：老子化胡經第十，首題：老子化胡經玄歌卷第十，尾題：老子化胡經卷第十。

〔註29〕元‧祥邁：《辯僞錄》卷二，《大正藏》冊四十九，頁759。

說遂由最初的「老子入夷狄爲浮屠」變爲「老子命尹喜化身作佛，雖未成道，亦是聖人」。

因此，尹喜作佛之說應屬晚起，其形成當在王浮造《化胡經》之後，佛教提出化華說之同時或稍晚。後世《化胡經》或承襲老子爲佛之舊說，或吸收尹喜爲佛之新說，再加上後人之增刪修改，在疊床架屋之情形下，遂造成今日既曰老子成佛，又云尹喜爲佛的矛盾記載。今將全部推衍過程，表列說明之：

漢 ——— 化胡說首見於史籍，云：老子入夷狄爲浮屠
　　　　　化胡說流傳日廣

晉 ——— 道士王浮據化胡說僞作《化胡經》云老子出關化胡成佛
　　　　　佛道衝突日益激烈

南北朝 —— 佛教：提出化華說，言老子是佛弟子迦葉
　　　　　道教：反擊化華說，改稱老子作佛爲老子弟子尹喜作佛
　　　↓　後世新舊二說並存，成爲今日所見之矛盾現象

（2）夷夏之辯

化華說之外，夷夏之辯，亦爲本時期佛道論衡之重心，所謂的「華」指的是中國、道教，「夷」指的則是蠻夷、胡教（佛教）。此期的論戰，在道教方面有顧歡之《夷夏論》、道士假張融之名的《三破論》，所謂三破者謂佛教入國破國，入家破家，入身破身。此二文皆已亡佚，僅片斷保存於相關史籍，茲節錄一二以見其說。《夷夏論》曰：

> 夫辯是非，宜據聖典。道經云：老子入關之天竺維衛國，國王夫人名曰「妙淨」。老子因其晝寢，乘日精入淨妙口中。後年四月八日夜半時，剖右腋而生，墜地即行七步，於是佛道興焉。……道則佛也，佛則道也，其聖則符，其跡則反，……其入不同，其爲必異，各成其性，不易其事。是以端委搢紳，緒華之容；剪髮曠衣，群夷之服；擎跽磬折，候甸之恭；狐蹲狗踞，荒流之肅；棺殯槨葬，中夏之風；火焚水沈，西戎之俗；全形守禮，繼善之教、毀貌易性，絕惡之學，……今以中夏之性，效西戎之法……捨華效夷，義將安取？[註30]

顧歡之文，雖無言及老子化胡，但其意實偏祖道教，欲將佛教包入道教之中，

〔註30〕《南史》卷五十四〈顧歡傳〉。

故此論一出，駁者甚多，有：慧通《駁夷夏論》，僧愍《戎華論折夷夏論》、朱昭之《難夷夏論》……，其文皆載於《弘明集》中，茲不贅引。

（3）佛道對論

上述之外，佛道論爭之戰火亦擴及朝廷。北魏孝明帝嘗召釋道門人，群集殿中論述佛老先後，實際上即辯論化胡說之成立與否，此事據《廣弘明集》卷一〈元魏孝明召釋道門人論前後〉，經過如下：

> 正光元年（西元 250 年）明帝加朝服，大赦天下。召佛道二宗門人殿前齋記，侍中劉騰宣敕：「請法師等與道士論議，以釋弟子疑網。」時清通觀道士姜斌與融覺寺僧曇謨最對論。帝曰：「佛與老子同時不？」斌曰：「老子西入化胡，佛時以充侍者，明是同時。」最曰：「何以知之？」斌曰：「按《老子開天經》，是以得知。」最曰：「老子當周何王幾年而生？周何王幾年西入？」斌曰：「當周定王即位三年（西元前 605 年）……九月十四日夜子時生……至敬王元年（西元 519 年）……年八十五，見周德凌遲，與散關令尹喜西入化胡，斯足明矣。」最曰：「佛以周昭王二十四年（西元前 1029 年）四月八日生，穆王五十三年（西元前 949 年）滅度。計入涅槃後經三百四十五年，始到定王三年，老子方生，……」斌曰：「若佛生周昭之時，有何文記？」最曰：「《周書異記》、《漢法本內傳》，並有明文。」〔註31〕

此次佛道對論，代表著化胡之爭不僅不再限於佛道二集團中，且已上達天聽，得到執政者之重視，雙方皆欲藉政治之力量打擊對方，此點可由後來的三武之禍，及歷代對《化胡經》之禁斷得到證明。

北周武帝元和四年，再次召集佛道二教徒眾，論述三教先後，結果議定以儒爲先，佛教爲後，道教最上。佛教徒對此自然不滿，因此司隸大夫甄鸞奉勒令詳佛道二教，定其先後。次年，甄鸞上《笑道論》三卷，鸞意偏袒佛教，故用「聞道大笑」之語爲名，其論俱載《廣弘明集》今不贅引，但可注意者爲甄鸞所引之《化胡經》，部分經文已遭佛教徒竄改，並非原貌。如：

> 《化胡經》曰：迦葉菩薩云：「如來滅後五百年，吾來東遊，以道授韓平子，白日升天。又二百年以授張陵，又二百年以道授建平子……。」（〈張騫取經〉條）

〔註31〕同註23，頁20。

《化胡經》云：「老子化罽賓，一切奉佛，老曰：『卻後百年，兜率天上更有眞佛託生舍衛白淨王宮，吾於爾時，亦遣尹喜下生從佛，號曰：「阿難」，造十二部經。』老子去後百年，舍衛國王果生太子，六年苦行成道號佛，字釋迦文，四十九年欲入涅槃，老子復見於世，號『迦葉』……」。（〈老子作佛〉條）

《化胡經》云：「願將優曇華，願燒栴檀香，供養千佛身，稽首禮定光。又云：佛生何以晚，泥洹何以早，不見釋迦文，心中大懊惱。」……
《化胡經》云：「天下大術，佛術第一。」（〈道士奉佛〉條）〔註32〕

由此可知，佛道論衡發展至此，不僅是雙方各自僞造本教經典以證其說，甚至更進一步，將對方經典加以篡改僞作，以求符合已方之利益要求。〔註33〕

3、隋唐時期

隋代之化胡說，今所知甚少，道宣《續高僧傳》卷二《彥琮傳》曰：

開皇三年，隋高祖幸道壇，見畫老子化胡像，大生怪異，敕集諸沙門道士共論其本。〔註34〕

又法琳《辯正論》卷五陳子良注曰：

隋僕射楊素，從駕至竹宮，經過樓觀，見老廟壁上，畫作老子化罽賓國、廣人剃髮出家之狀，問道士曰：「道若大佛，老子化胡應爲道士，何故乃爲沙門？將知佛力大能化得胡，道力小不能化胡，何關道化胡？」于時道士無言爲對也。〔註35〕

上引二文或指同事。其中對於高祖之詰難，道徒早有說詞：「胡人麤獷，欲斷其惡種，故令（其爲沙門）男不娶妻，女不嫁夫，一國伏法，自然滅盡。」〔註36〕彼時道士或懼於高祖之威勢而不敢出言以對，然由此可知隋代道觀已

〔註32〕同前註，頁113。
〔註33〕除《化胡經》外，道教之另一重要經典《西昇經》亦遭改篡，觀其改文，明顯是針對「化胡說」而來。趙希弁《郡齋讀書志後志》載《西昇經》共有四種不同的版本：第一種曰：「此經其首稱老君西昇，聞道竺乾，有古先生，是以就道，說者以古先生佛也。」第二種曰：「以聞道竺乾爲經道竺乾，以古先生爲老子自謂。」第三種曰：「謂竺乾古先生非釋氏之號云。」第四種曰：「古先生者，吾之師也，化乎竺乾，作吾之身也，化胡竺乾云。」由此可見道經被佛教徒篡改者不少。
〔註34〕唐・釋道宣：《續高僧傳》卷二，《大正藏》冊五十，頁436。
〔註35〕唐・法琳：《辯正論》卷五，《大正藏》冊五十二，頁520。
〔註36〕見《弘明集》卷八《滅惑論》引《三破論》文，頁377。

將老子化胡事畫於壁上，以彰其勢，推想彼時化胡說當頗流行。

又隋・法經撰之《眾經目錄》中載《正化內外經》二卷，（《開元釋教錄》作一卷），於其下注曰：「一名《老子化胡經》，傳錄云：晉時祭酒王浮作。」〔註37〕此經當爲佛教徒改作，由其經名及卷數推斷，內容殆記迦葉化身老子，化遊中國，開化胡人之事，上下二卷分別載其化內、化外之蹟。《太上混元老子始略》引尹文操語曰：「老子者，即道之身也。跡有內外不同，由能應之身或異也。」〔註38〕此語殆書名之由來。此時距北周不過數十年，前述甄鸞所引遭改作之《化胡經》，殆即此書或此書之祖本。

至唐代以道教爲國教，王公貴族皆樂與道士交遊，然佛道之爭在唐代數起，道教並未因此獲得偏祖。唐高祖武德四年，太史傳奕上廢佛法事十一條曰：「請胡佛邪教退還天竺，凡是沙門放歸桑梓。」〔註39〕彼時佛徒激憤，釋法琳遂於武德五年上《破邪論》二卷，以駁傳奕之說。武德九年，又上《辯正論》八卷，駁道士李仲卿之《十異九迷論》及劉進喜之《顯正論》。法琳二論多涉老子化胡之事，如：

> 《老子西昇經》云：吾師化遊天竺，善入泥洹。《符子》曰：老氏之師名釋迦文。

> 《老子昇玄經》云：天尊告道陵，使往東方詣佛受法。……《化胡經》云：「願採優曇花，願燒栴檀香，供養千佛身，稽首禮定先。」又云：「佛生何以晚，泥洹一何早，不見釋迦文，心中常懊惱。」……

> 《老子大權菩薩經》云：「老子是迦葉菩薩化遊震旦。」

> 《化胡經》云：「老子知佛欲入涅槃，復迴在世，號曰「迦葉」，於娑婆林爲眾發問。……」《關令傳》云：「老子曰：『吾師號佛覺。……』」

> 案：《佛說空寂問經》及《天地經》皆云：「吾令迦葉在彼爲老子，號無上道，儒童在彼號曰孔丘，漸漸教化，令其孝順。」〔註40〕

此二論內容與前朝如出一轍，皆引僞作之佛經或遭改作之道經，作爲立論基礎，實質上了無新意。高宗顯慶五年，召僧靜泰及道士李榮論化胡之事，據道宣《集古今佛道論衡》曰：

〔註37〕隋・法經：《眾經目錄》卷二，《大正藏》冊五十五，頁127。
〔註38〕宋・謝守灝：《太上混元老子史略》，《道藏》冊二○○。
〔註39〕同前註。
〔註40〕法琳：《破邪論》卷上引《大正藏》冊五十二，頁475～476。

顯慶五年八月十八日，敕召僧靜泰，道士李榮在洛宮中，帝問僧曰：
「《老子化胡經》述化胡事，其事如何？」……聖旨問道士《化胡經》
云：「老子化胡爲佛，此事如何？」靜泰奏言：「……據《晉代雜錄》
及裴子野《高僧傳》，皆云道士王浮與沙門帛祖對論每屈，浮遂取《漢
書西域傳》擬爲《化胡經》。《搜神記》、《幽明錄》等亦云王浮造僞
之過。」道士李榮云：「……榮據《化胡經》云：『老子化胡爲佛。』
又《老子序》云：『西適流沙。』此即化胡之事顯矣。」靜泰奏言：
「李榮重引《化胡經》，靜泰後已指僞，縱令此經實錄，由須歸佛大
師。《化胡經》云：『老子云：「我師釋迦文，善入於泥洹。」』又榮引
《老子經序》竟無西邁流沙之論，但云尹喜謂老子曰：「將隱乎？」
據榮對詔不實，請付嚴科。」」〔註41〕

此次對論，雙方各據已方之《化胡經》來爭辯，結果自然是各是其是，各非
其非，毫無結果。武后時皇室易姓，兼武后曾出家爲尼，故朝廷已不必特尊
道教，於是有僧慧澄上書，請毀《化胡經》，《新唐書·藝文志》神仙家類載
《議化胡經狀》一卷，其下注曰：「萬歲通天元年，僧惠澄上乞毀《老子化胡
經》，敕秋官侍郎劉知璿等議狀。」〔註42〕此議狀共由八人寫成，除員半千一
人《唐書》有傳，餘均不可考，此書今佚，但宋·謝守灝《混元聖紀》卷八，
尚略存其文，茲引述一二以見其說。

　　太中大夫守秋官侍郎上柱國劉如璿議曰：「李釋元同，未始有異，法身道
體，應現無方，降跡誕靈，各行其化，……謹按《後漢書》云：『老子入夷狄
爲浮屠之化。』《高士傳》曰：『老子化戎俗爲浮屠。』《皇朝實錄》云：『於
闐國西五百里有毗摩伽藍，是老子化胡之所建。』……歷考經典，煥乎可囑，
則知化胡是實，爲經不虛……聖人設教，應物施行，況復中人。上士性分有
殊，道佛二門，隨性開化，洪通兩教，不亦宜乎！」

　　弘文館學士賜紫金魚袋員半千議曰：「謹按范蔚宗《後漢裴楷傳》、《魏略
西戎傳》兼《北史西域傳》及周隋等十餘家書傳，並云老子西入流沙，皆稱
化胡。」〔註43〕

　　據《混元聖記》所載此事之結果爲：

〔註41〕唐·道宣：《集古今佛道論衡》卷丁，《大正藏》冊五十二，頁391。
〔註42〕《新唐書》卷五十九〈藝文志〉。
〔註43〕宋·謝守灝《混元聖記》，《道藏輯要》冊六，頁2496。

萬歲通天元年六月十五日敕旨：老君化胡，典誥攸著，豈容僧輩妄請削除；……倘若史籍無據，俗官何忍虛承，明知化胡是眞非謬。〔註44〕

神龍元年，武后死，中宗復位，同年詔僧道議《化胡經》，結果道徒失敗，《化胡經》敕令禁毀，此事詳載宋·贊寧《高僧傳》卷十七〈釋法明傳〉：

釋法明……中宗朝入長安遊訪諸高達，適遇詔僧道定奪《化胡成佛經》眞僞，……明初不預選出擅美，問道流曰：「老子化胡成佛，老子爲作漢語化？爲作胡語化？若漢語化胡，胡即不解，若胡語化，此經到此土便須翻譯，未審此經是何年月？何朝代？何人誦胡語？何人筆受？」時道流絕救無對。……其年九月十四日下敕曰：「仰所在官吏，廢此僞經，刻石於洛京白馬寺，以示將來。」敕曰：「……如聞天下諸道觀皆畫化胡成佛變相，僧寺亦畫玄元之形，兩教尊容二俱不可。制到後，限十日內並須除毀，若故留仰，當處官吏科敕罪，其《化胡經》累朝明敕禁斷。近知在外仍頗流行，自今後其諸部《化胡經》及諸記錄，有化胡事，並宜除削，若有蓄者準敕科罪。」〔註45〕

此次之失敗，道徒引爲奇恥大辱，對法明之問難更是耿耿於懷，苦思回應之道，最後終提出以下說法：

至人通玄究微，應諸天諸地異域方言，以至異類音聲，莫不洞解。故與胡王問答，皆隨其國之方言而與之言，當時隨侍眾眞即以正音紀錄之，還傳中夏，後人目曰《化胡經》也。猶齊人能爲楚人言者，遇楚人則操南音與之言，及其紀之於冊，則必用齊語矣，事出一人之手，不待翻譯也。〔註46〕

中宗之後爲玄宗，爲唐代中最尊崇道教之皇帝，不僅親註《道德經》，令學者習之，又將《史記·老子傳》移居列傳第一，此皆足見玄宗之崇老也。玄宗之後，佛道對之爭亦偶有所聞，今不詳述。可注意者爲日人藤原佐世於唐昭宗年間所撰之《日本國見在書目》載有《老子化胡經》十卷，由此可知唐代《化胡經》已東傳日本，足證其流傳之廣。

〔註44〕同前註。
〔註45〕宋·贊寧：《高僧傳》卷十七，《大正藏》冊五十，頁813。
〔註46〕同註42。

4、宋元時期

　　宋代佛道論衡一如前朝，了無新意，雙方依舊憑據對已有利之經典相互論爭，故不贅言。然尚有其他值得注意者：一為《老子化胡經》之收入《道藏》。二為摩尼教藉《化胡經》將其經典混入《道藏》，以獲政府保護。關於前者，《續資治通鑑長編》云：

> 樞密使王欽若上新校道藏經，賜目錄名《寶文統錄》……又還道士十人校定道藏經……初詔取道釋藏經互相毀訾者，皆刪去之。欽若言：「《老子化胡經》乃古聖遺跡，不可削去。」〔註47〕

由此可知宋《道藏》收有《老子化胡經》。至於後者，摩尼教自唐會昌法難之後，屢遭迫害，其中又經母乙之亂，益為當朝所忌，故至宋大中祥符年間，遂賂《道藏》之主其事者，使納其書，欲依托道教以自固也。其所憑藉之踏板即《老子化胡經》，敦煌《化胡經》卷一曰：

> 後經四百五十餘年，我乘自然光明道氣，從真寂境飛入西那玉界蘇鄰國中，降誕王室，示為太子，捨家入道，號「末摩尼」，轉大法輪，說經誡律定慧等法，乃至三際及二宗門，教化天人，令知本際。〔註48〕

由於《化胡經》在宋朝為欽定之合法道經，故文中老子化身摩尼之說自然被視為真實之言，由此摩尼教被視為道教之一個支派而受到保護，其經典亦因此混入《道藏》。

　　至元朝，老子化胡說可注意者有二：一為《八十一化圖》之刊佈流傳，二為《化胡經》及有關諸書慘遭焚毀禁斷之命運。前者，可溯及長春子丘處機之西遊。元初，成吉斯汗遣使召丘處機，甚加禮遇，其詔有「老氏西行，或化胡成道」之言，〔註49〕以此打動長春西往之心，而觀其徒所著之《長春真人西遊記》，長春之西行似亦懷抱師法老子化胡之意。此後，道教頗受皇室尊崇，長春死後其徒頗流通《化胡經》，且別撰《太上八十一化圖》刻板流佈。此書作者為令狐璋及史志經，據《辯偽錄》卷一云：「令狐璋首編妄說，史志經又廣邪文，效如來八十二龕，集老子八十一化。」〔註50〕而今存杭州本《太

〔註47〕宋・李燾：《續資治通鑑長編》卷八十六。

〔註48〕同註26。

〔註49〕見王國維：《長春真人西遊記注》附錄，（商務印書館，人人文庫），頁139。

〔註50〕同註29，頁752。

上八十一化圖》則有：「薄關清安居士令狐璋編修，太華山雲臺觀通微道人史志引經全解。」〔註 51〕此書依《道德經》河上公注之分章，依次附上八十一化圖，內容則依時間先後，述老子之生平來歷及示現神蹟，由第一化爲「起無始」至第八十一化爲「起祥光」止，其中二十一化「過函關」至四十五化「弘釋教」皆述老子化胡之蹟。

　　元代對《化胡經》之禁焚始於憲宗八年，導火線即爲《八十一化圖》。《辯僞錄》卷五載《聖旨焚毀諸路僞道藏之碑》曰：

> 昔在憲宗皇帝朝，道家者流出一書曰《老君化胡成佛經》及《八十一化圖》，鏤板本傳四方，其言淺陋誕妄，意在輕蔑釋教而自重其教，罽賓大師蘭麻總統少林福裕，以其事奏聞，時上居潛邸，憲宗有旨，令僧道二家詣上辯析，二家自約：「道勝則僧冠首而爲道，僧勝則道削髮而爲僧。」……帝師又問：「汝《史記》有化胡之説否？」曰：「無。」「然則老子所傳何經？」曰：「道德經。」「此外更有何經？」曰：「無。」帝師曰：「《道德經》中有化胡事否？」曰：「無。」帝師曰：「《史記》中既無，《道德經》中又不載，其爲僞妄明矣。」道者辭屈……上命如約行罰，遣使臣脱歡將樊志應等十有七人，詣龍光寺削髮爲僧，焚僞經四十五部，天下佛寺爲道流所據者二百三十七區，至是悉命歸之。〔註 52〕

據《辯僞錄》所載，憲宗五年曾先令僧道對詰《八十一化圖》，然尙無焚經之事，至憲宗八年方有焚經之舉。〔註 53〕至世祖至元十八年九月，焚經之事又起，《辯僞錄》卷五云：

> 十八年九月，都功德使司脱因小演赤奏言：「往年所焚道家僞經，板本化圖，多隱匿未毀，其《道藏》諸書，類皆詆毀釋教，剽竊佛語，宜皆甄別。」於是上命……考證眞僞，翻閲兼旬，雖卷帙數千，究其本末，惟《道德》二篇爲老子所著，餘悉漢張道陵、後魏寇謙之、唐吳筠、杜光庭、宋王欽若輩，撰造演説，鑿空架虛，罔有根據，詆毀釋教，以妄自尊崇……自《道德經》外，宜悉焚毀去。……遂

〔註 51〕見吉岡義豐《道教と佛教第一》第六章《宋元時代にずける老子變化思想の歸結》，（國書刊行會），頁 195。
〔註 52〕同註 28，頁 776。
〔註 53〕同註 28，頁 775。

> 詔諭天下：「道家諸經可留《道德》二篇，其餘文字及板本畫圖，一
> 切焚毀，隱匿者罪之。」……乃以十月壬子集百官於憫忠寺，焚道
> 藏偽經雜書，遣使諸路俾遵行之。〔註54〕

綜合上述，元代化胡之爭自憲宗五年至世祖至元十八年，前後延宕二十餘年，其間道教飽受摧殘。道教失敗之因雖多，然主要因素卻仍在「夷夏之分」，前文曾提及，化胡說的產生，基本上乃由於中土人民「尊夏卑夷」心理所致，故在南北朝曾衍爲種族之爭——漢人當信仰道教，胡人方信奉佛教。如後趙石虎在位時，著作郎王度曾上書云：「佛是外國之神，非天子諸華所可宜奉。」石虎則答曰：「朕生自邊壤，……應兼從本俗，佛是戎神，正所應奉。」〔註55〕正因如此，元人以一異族統治中國，先天上便對中國之本土宗教有所顧忌及排斥，加上佛教人士之巧妙利用，將化胡說轉化爲道士對國家之不敬，〔註56〕激起元室同仇敵愾之心，如此，道教豈有不敗之理？而《化胡經》及相關作品遭此劫難後，幾乎全數亡佚。此後，化胡說少有人提及，於是就在元朝結束了千餘年來佛道二教的化胡之爭。

五、結　論

　　老子化胡說乃佛教徒初期爲傳教之便，免去漢民族排斥心理所提出來的方便說法。其後佛道二教勢力逐漸興盛，雙方於利益、見解上日生衝突，此說遂經道教徒渲染，成爲打擊佛教之利器。至晉惠帝年間，五斗米道之祭酒王浮據此說造《老子化胡經》，從此二教論衡之事便時有所聞，而爭論內容不外乎佛老先後及老子化胡成佛之眞僞，其中更涉及夷夏之分的民族意識。論衡過程中，雙方爲取得有利之地位，均大量偽造己方經典，同時篡改他人經文。此外，佛教徒更造出「化華說」，謂老子化胡實乃佛弟子迦葉（即老子）化華已成，出關返國覆命使然，並非眞有化胡一事。至元朝，由於全眞教之大力宣說，並造《八十一化圖》廣爲通行，遂遭佛教徒所忌，至憲宗時，佛道二教對辯，道教失敗，《化胡經》及相關作品乃全數遭禁焚，此後《化胡經》失傳，化胡說亦少有人提及。

　　《老子化胡經》其內容雖荒誕不經、禁不起事實之驗證，然此經記錄了

〔註54〕同註28，頁776。
〔註55〕梁・慧皎：《高僧傳》卷九，《大正藏》冊五十，頁385。
〔註56〕如少林福裕謂：「道士欺負國家，敢爲不軌」，詳邁謂道士：「蔑視國家，欺以朔方之居，肆其臆之辯」（見《辯偽錄》卷一、卷三，頁752、768。）

佛教在中國傳播過程中，所遭受之抵毀及醜化，體現了中土人民對外來事物所抱持之自大自尊的心態。在往昔，由於宗教、民族、政治等各方面複雜心結，始終未能深入了解《化胡經》出現之背景、原因及意義，而僅是一味予以禁斷，今日我們則應正視此經之存在，並深思隱藏於背後之深層意義。